CREDO

UNA GUÍA DE REFLEXIÓN DE SIETE SEMANAS
DEL CREDO APOSTÓLICO

J. D. WALT

Copyright 2012 por Seedbed Publishing

Todos los derechos reservados. Ninguna porción de este libro puede ser reproducido, almacenado en algún sistema de recuperación de datos o transmitida en cualquier forma o mediante cualquier medio electrónico, mecánico, fotocopia, grabación u otros medios, con excepción de citas breves en reseñas críticas o artículos, sin el permiso escrito previo del editor.

Todas las citas bíblicas, a menos que se indique de otra manera, son tomadas de la SANTA BIBLIA, NUEVA VERSIÓN INTERNACIONAL®. Copyright © 1999 por la Sociedad Bíblica Internacional. Usado con permiso de Zondervan. Reservados todos los derechos.

Todas las citas bíblicas, a menos que se indique de otra manera, son tomadas de la SANTA BIBLIA, NUEVA VERSIÓN INTERNACIONAL®. Copyright © 1999 por la Sociedad Bíblica Internacional. Usado con permiso de Zondervan. Reservados todos los derechos.

Impreso en los Estados Unidos de América

16   15   14   13   12   1   2   3   4   5

Library of Congress Control Number: 2012946253

Paperback ISBN: 978-1-62171-026-4

Diseño de portada y páginas por Haley Hill

SEEDBED PUBLISHING
Sowing for a Great Awakening
204 N. Lexington Avenue, Wilmore, Kentucky 40390
www.seedbed.com

Contenido

Símbolos cristianos... ix

Introducción... xiii

Semana 1:
Creo en Dios Padre Todopoderoso, creador del cielo y de la tierra

Día 1: En el principio *3*
Día 2: Pero ninguno de los dos sentía vergüenza *8*
Día 3: Les permite clamar: "¡Abba!, ¡Padre!" *12*
Día 4: ¿Quién es el Rey de la gloria? *15*
Día 5: El firmamento proclama la obra de sus manos *18*
Día 6: La serpiente *22*

Semana 2:
Creo en Jesucristo, su único Hijo, Señor nuestro

Día 1: El Verbo se hizo hombre *27*
Día 2: El resplandor de la gloria de Dios *30*
Día 3: Porque a Dios le agradó *32*
Día 4: Para que lo conozcan mejor *34*
Día 5: Yo soy *36*
Día 6: Aquel que cree *40*

Semana 3:
Que fue concebido del Espíritu Santo, nació de la virgen María, padeció bajo el poder de Poncio Pilato, fue crucificado, muerto y sepultado

Día 1: A los seis meses *43*
Día 2: Augusto Cesar decretó *46*
Día 3: ¿Y qué voy a hacer con Jesús? *49*
Día 4: Toda la tierra quedó en oscuridad *51*
Día 5: Llegó un hombre rico de Arimatea *54*
Día 6: Mediante este evangelio son salvos *57*

Semana 4:
Descendió a los muertos. Al tercer día resucitó de entre los muertos. Ascendió al cielo y está sentado a la diestra de Dios Padre todopoderoso, de donde vendrá a juzgar a los vivos y a los muertos

Día 1: Fue y predicó a los espíritus encarcelados *61*
Día 2: No está aquí, pues ha resucitado *64*
Día 3: Fue llevado a las alturas *67*
Día 4: Veo el cielo abierto *69*
Día 5: Aparecerá por segunda vez *72*
Día 6: Jesucristo es el Señor *75*

Semana 5:
Creo en el Espíritu Santo

Día 1: Infundiré mi Espíritu en ustedes *79*
Día 2: ¿Qué quiere decir esto? *82*

Día 3: Ninguna rama puede dar fruto por sí misma *85*
Día 4: Digo, pues, andad en el Espíritu *88*
Día 5: Para el bien de los demás *90*
Día 6: Pero la más excelente de ellas es el amor *93*

Semana 6:
La santa iglesia católica, la comunión de los santos

Día 1: Edificaré mi iglesia *97*
Día 2: Pueblo que pertenece a Dios *100*
Día 3: Nos pareció bien al Espíritu Santo y a nosotros *103*
Día 4: Todos ustedes son uno solo en Cristo Jesús *106*
Día 5: Una gran multitud que nadie podía contarla *109*
Día 6: Corramos con perseverancia *111*

Semana 7:
El perdón de los pecados, la resurrección del cuerpo y la vida perdurable

Día 1: La ley es solo una sombra *115*
Día 2: Como también nosotros hemos perdonado a nuestros deudores *120*
Día 3: Entonces vendrá el fin *122*
Día 4: Se siembra en debilidad –resucita en poder *125*
Día 5: Y esta es la vida eterna *128*
Día 6: Yo hago nuevas todas las cosas *131*

Sobre el autor *134*

Símbolos cristianos

Alfa y Omega

En Apocalipsis 1:8, el Señor dice: "Yo soy el Alfa y la Omega; el que es y que era y que ha de venir, el Todopoderoso". Este símbolo captura la naturaleza comprehensiva del reino de Jesucristo.

Paloma descendente

La paloma descendente simboliza el descenso del Espíritu Santo en el bautismo de Jesús, como se describe en los cuatro Evangelios. También se refiere con frecuencia al descenso del Espíritu Santo en el Día de Pentecostés.

Ichthus

En griego, *ichthus* (ιχθυς), la palabra para pez, sirve también como un acrónimo de "Jesús Cristo, Hijo de Dios, Salvador". Los cristianos primitivos, temerosos de la persecución, se identificaban unos con otros con este símbolo secreto de finales del segundo siglo.

INRI

INRI es la inscripción en latín que estaba sobre la cruz. Las letras corresponden a "Iesus Nazarenus Rex Iudaiorum", que se traduce como "Jesús de Nazaret, Rey de los Judíos".

Agnus Dei

El Cordero de Dios, que lleva el Estandarte de la Victoria. El estandarte mismo es a veces llamado el Estandarte de Pascua o Resurrección, que simboliza la victoria de Cristo sobre la muerte. El halo con tres rayos significa la divinidad. En Juan 1:20, leemos que cuando Juan el Bautista vio a Jesús, dijo: "Aquí tienen al Cordero de Dios". Este es el símbolo más antiguo usado para representar al Hijo de Dios.

Triqueta

En Latín, *triquetra* significa "de tres esquinas". El símbolo demuestra la distinción y unidad simultáneas de Dios, que es Padre, Hijo y Espíritu Santo; tres personas en un Dios.

Chi Rho

En griego, chi y rho son las primeras dos letras de Cristo sobrepuestas una sobre la otra. El Chi Rho fue uno de los primeros Cristogramas (una combinación de letras que forman una abreviatura del nombre de Jesucristo). Otro Cristograma popular es IHS (un monograma del Nombre Santo), derivado de la palabra griega IHSOUS (ΙΗΣΟΥΣ) para Jesús, o en referencia a *Iesus Hominum Salvator*, Jesús Salvador de la humanidad, en representación del Nombre Santo.

Introducción

Los credos importan. Nos hacen lo que somos.

Desde los comercios minoristas, pasando por los candidatos políticos, hasta los gobiernos nacionales, todos compiten por sembrar su credo en el lecho fértil de nuestros corazones y mentes en estos días. Todos quieren que creamos lo que ellos creen, elaborando cuidadosamente sus credos con la esperanza de ganar nuestra afirmación.

La Declaración de Independencia de los Estados Unidos de América contiene esta afirmación de credo:

> Sostenemos que estas verdades son evidentes por sí mismas: que todos los hombres han sido creados iguales, que fueron dotados por su Creador con ciertos derechos inalienables, que entre estos están la vida, la libertad y la búsqueda de la felicidad.

En el corazón del Juramento de Lealtad de los Estados Unidos, encontramos esta aseveración:

> Una nación bajo Dios, indivisible, con libertad y justicia para todos.

Todas las ramas de las fuerzas armadas viven bajo este credo. Considere el Credo del Fusilero escrito por el Mayor General William H. Rupertus, Infante de Marina de los Estados Unidos, luego del ataque a Pearl Harbor.

Introducción

Este es mi fusil. Hay muchos como él, pero este es mío.

Mi fusil es mi mejor amigo. Es mi vida. Debo dominarlo, como domino mi vida.

Mi fusil, sin mí, es inútil. Sin mi fusil, yo soy inútil. Debo disparar mi fusil certeramente. Debo disparar con más puntería que cualquier enemigo que esté intentando matarme. Debo alcanzarlo antes de que él me alcance. Lo haré...

Mi fusil y yo sabemos que lo qué cuenta en esta guerra no son las balas que disparamos, el ruido de nuestros disparos, ni el humo que hacemos. Sabemos que lo que cuenta son los aciertos. Acertaremos...

Mi fusil es humano, como yo lo soy, porque es mi vida. Así que lo conoceré como a un hermano. Conoceré sus puntos débiles, sus puntos fuertes, sus piezas, sus accesorios, su mira y su cañón. Mantendré mi fusil limpio y preparado, como yo estoy limpio y preparado. Nos convertiremos parte el uno del otro. Lo haremos...

Ante Dios juro este credo. Mi fusil y yo somos los defensores de mi país. Somos los amos de nuestro enemigo. Somos los salvadores de mi vida.

Así sea, hasta que la victoria sea de los Estados Unidos y no quede ningún enemigo, sino paz.

Aún los video juegos de nuestros hijos giran en torno a credos.

Interesantemente, uno de los juegos más populares utiliza la palabra "credo" en su título. El Credo del Asesino se centra alrededor de afirmaciones como estas:

Nunca mate a una persona inocente. Sea siempre discreto. Nunca comprometa a la hermandad.

En la Alemania nazi, dos pequeñas palabras se abrieron paso en forma de afirmación de credo en medio del exterminio de seis millones de judíos: "¡Hail, Hitler!"

Luego, existe el mundo del comercio y las ventas al detalle. Plagados con frases que uno podría llamar lemas, eslóganes o expresiones de moda, dichos comercios sostienen dinámicas de credo.

"Ahorras dinero. Vives mejor. Wal-Mart".

"Piensa diferente". (Apple)

"Usted está en buenas manos con Allstate".

Estos eslóganes se vuelven tan familiares por medio de su presencia ubicua, que los podríamos completar nosotros mismos. Esto es prueba de la forma en que los credos nos moldean, aún cuando no nos demos cuenta de que lo están haciendo.

Hay credos y, luego, hay credos. La Biblia ofrece varias afirmaciones de credo. El credo del antiguo Israel, conocido como el Shema, dice: "Escucha Israel: el Señor nuestro Dios es el único Señor" (Deut. 6:4). El primer credo de la Iglesia consta de cuatro palabras y proviene directo de la Escritura: "¡Jesús es el Señor!" (1 Cor. 12:3; Rom. 10:9).

En los primeros siglos después de la resurrección y ascensión de Jesús, la fe de la Iglesia comenzó a cristalizar en credos sus creencias esenciales más profundas. La fe entregada a ellos por parte de los primeros seguidores de Jesús, se vio atacada por falsos maestros con ideas heréticas. Los líderes de la Iglesia se reunieron para tener diálogo, debate y discernimiento. Se cuentan historias de que muchos de estos líderes cojeaban o les hacía falta miembros como resultado de las persecuciones tortuosas que sufrían a manos de los enemigos de la Iglesia. Al acudir al Espíritu Santo para entender la naturaleza de la verdadera fe, emergió claridad en torno a las afirmaciones esenciales. Lo que surgió de estos "concilios", son lo que hoy llamamos los credos ecuménicos. A lo que nos referimos con esto es a la fe proclamada por todos los cristianos, en todos los lugares y en todos los tiempos.

Estos antiguos credos, recitados por billones de personas en todo el mundo, tienen la capacidad de enfocarnos, protegernos, conectarnos, unirnos, recordarnos, instruirnos y transformarnos en el pueblo mismo de Dios. En nuestra distraída cultura actual, el desafío es evitar la transformación hacia una recitación semanal sin sentido en la iglesia. Es tan fácil repetir estos credos de manera casual –mientras tanto se pierden de vista las palabras poderosas. El mismo Juan Wesley advirtió que podría llegar el día en que pudiésemos mantener una forma de fe y al mismo tiempo negar su poder. Para los creyentes, estos credos ofrecen un currículo para toda la vida en asuntos de fe y formación. Con respecto a nuestras creencias, el Credo de los Apóstoles es tanto palabra final como grito de guerra.

La guía que está en sus manos o en su pantalla es un esfuerzo por traer un enfoque particular al Credo de los Apóstoles. En las siguientes páginas será invitado a una práctica diaria de lectura de las Escrituras, a meditar o pensar seriamente en el texto, y a reflexionar en las enseñanzas de algunos de los líderes más antiguos de la Iglesia.

Introducción

Será invitado a hacer preguntas, aún aquellas que parezcan que no se deben preguntar. Se ha dicho que el corazón no se puede regocijar en lo que la mente rechaza. La fe cristiana, por siglos, se ha mantenido cuidadosamente firme en medio de los desafíos intelectuales más formidables que se puedan imaginar.

También es importante reconocer que algunas veces nuestras preguntas esconden asuntos más profundos. Por ejemplo, algunas personas no reconocerán a Dios como "Padre", sosteniendo que este nombre tiene sus raíces en culturas patriarcales antiguas y que, por tanto, refleja el espíritu de su tiempo más que una verdad teológica revelada. Al mismo tiempo, esta misma persona creció en un hogar con un padre abusivo. Las heridas no sanadas sirven para mantener alejadas a estas personas del amor sanador del Padre, mientras se enfrascan en divagaciones filosóficas.

Las siete semanas que tenemos por delante ofrecen amplia oportunidad para ahondar profundamente en el mundo bíblico de este gran credo en busca de instrucción, corrección, comprensión, sanación, revelación y transformación. Entréguese y comprométase a este tiempo de exploración para aferrarse a su fe de una manera más íntima; déjese llevar de una manera más profunda por el Padre, el Hijo y el Espíritu Santo; y conéctese más intensamente con los otros creyentes.

Cerca del final de su breve vida, Rich Mullins le puso música al Credo de los Apóstoles. El coro captura la esencia de un estudio como este.

> Creo, sí, creo. Es lo que me hace ser lo que soy. Yo no lo hice. No, éste me hace a mí. Es la pura verdad de Dios y no la invención de hombre alguno.

Los credos importan. Nos hacen lo que somos.

El credo apostólico

Creo en Dios Padre todopoderoso,
creador del cielo y de la tierra;
y en Jesucristo, su único hijo, Señor nuestro;
que fue concebido del Espíritu Santo,
nació de la virgen María,
padeció bajo el poder de Poncio Pilato,
fue crucificado, muerto y sepultado.
Descendió a los muertos.
Al tercer día resucitó de entre los muertos;
ascendió al cielo, y está sentado a la diestra de Dios Padre Todopoderoso,
de donde vendrá a juzgar a los vivos y a los muertos.
Creo en el Espíritu Santo,
la santa Iglesia católica,
la comunión de los santos,
el perdón de los pecados, la resurrección del cuerpo,
y la vida perdurable.

CREDO

Semana 1

*Creo en Dios, Padre Todopoderoso,
creador del cielo y de la tierra*

Día 1: *En el principio*

LEER
Génesis 1:1–2:3

> *Dios, en el principio, creó los cielos y la tierra. La tierra era un caos total, las tinieblas cubrían el abismo, y el Espíritu de Dios iba y venía sobre la superficie de las aguas.*
>
> *Y dijo Dios: «¡Que exista la luz!» Y la luz llegó a existir. Dios consideró que la luz era buena y la separó de las tinieblas. A la luz la llamó «día», y a las tinieblas, «noche». Y vino la noche, y llegó la mañana: ése fue el primer día.*
>
> *Y dijo Dios: «¡Que exista el firmamento en medio de las aguas, y que las separe!»*
>
> *Y así sucedió: Dios hizo el firmamento y separó las aguas que están abajo, de las aguas que están arriba. Al firmamento Dios lo llamó «cielo». Y vino la noche, y llegó la mañana: ése fue el segundo día.*
>
> *Y dijo Dios: «¡Que las aguas debajo del cielo se reúnan en un solo lugar, y que aparezca lo seco!» Y así sucedió. A lo seco Dios lo llamó «tierra», y al conjunto de aguas lo llamó «mar». Y Dios consideró que esto era bueno.*
>
> *Y dijo Dios: «¡Que haya vegetación sobre la tierra; que ésta produzca hierbas que*

den semilla, y árboles que den su fruto con semilla, todos según su especie!» Y así sucedió. Comenzó a brotar la vegetación: hierbas que dan semilla, y árboles que dan su fruto con semilla, todos según su especie. Y Dios consideró que esto era bueno. Y vino la noche, y llegó la mañana: ése fue el tercer día.

Y dijo Dios: «¡Que haya luces en el firmamento que separen el día de la noche; que sirvan como señales de las estaciones, de los días y de los años, y que brillen en el firmamento para iluminar la tierra!» Y sucedió así. Dios hizo los dos grandes astros: el astro mayor para gobernar el día, y el menor para gobernar la noche. También hizo las estrellas. Dios colocó en el firmamento los astros para alumbrar la tierra. Los hizo para gobernar el día y la noche, y para separar la luz de las tinieblas. Y Dios consideró que esto era bueno. Y vino la noche, y llegó la mañana: ése fue el cuarto día.

Y dijo Dios: «¡Que rebosen de seres vivientes las aguas, y que vuelen las aves sobre la tierra a lo largo del firmamento!» Y creó Dios los grandes animales marinos, y todos los seres vivientes que se mueven y pululan en las aguas y todas las aves, según su especie. Y Dios consideró que esto era bueno, y los bendijo con estas palabras: «Sean fructíferos y multiplíquense; llenen las aguas de los mares. ¡Que las aves se multipliquen sobre la tierra!» Y vino la noche, y llegó la mañana: ése fue el quinto día.

Y dijo Dios: «¡Que produzca la tierra seres vivientes: animales domésticos, animales salvajes, y reptiles, según su especie!» Y sucedió así.

Dios hizo los animales domésticos, los animales salvajes, y todos los reptiles, según su especie. Y Dios consideró que esto era bueno, y dijo: «Hagamos al ser humano a nuestra imagen y semejanza. Que tenga dominio sobre los peces del mar, y sobre las aves del cielo; sobre los animales domésticos, sobre los animales salvajes, y sobre todos los reptiles que se arrastran por el suelo.»

Y Dios creó al ser humano a su imagen; lo creó a imagen de Dios. Hombre y mujer los creó, y los bendijo con estas palabras: «Sean fructíferos y multiplíquense; llenen la tierra y sométanla; dominen a los peces del mar y a las aves del cielo, y a todos los reptiles que se arrastran por el suelo.»

También les dijo: «Yo les doy de la tierra todas las plantas que producen semilla y todos los árboles que dan fruto con semilla; todo esto les servirá de alimento. Y doy la hierba verde como alimento a todas las fieras de la tierra, a todas las aves del cielo y a todos los seres vivientes que se arrastran por la tierra.» Y así sucedió.

Dios miró todo lo que había hecho, y consideró que era muy bueno. Y vino la noche, y llegó la mañana: ése fue el sexto día.

Así quedaron terminados los cielos y la tierra, y todo lo que hay en ellos.

Al llegar el séptimo día, Dios descansó porque había terminado la obra que había emprendido. Dios bendijo el séptimo día, y lo santificó, porque en ese día descansó de toda su obra creadora.

MEDITAR

Subraye las frases recurrentes en todo este pasaje de apertura de las Escrituras. (Sugerencia: "Y dijo Dios", "y Dios consideró", etc.). Haga una lista de las frases a continuación.

Por un momento, suspenda toda propensión a leer Génesis 1 desde una cosmovisión o método científico y reflexione en estas frases: "Dios dijo. Y así sucedió. Y Dios consideró que esto era bueno. Y vino la noche, y llegó la mañana . . ." Repita estas frases en voz alta una y otra vez de tal forma que sus oídos puedan escuchar. Medite en estas palabras en su mente de tal forma que sus ojos puedan ver. Pondere en ellas en su corazón y contemple al Dios grandioso de tal poder creativo, orden soberano y belleza sin paralelo.

REFLEXIONAR

Creo en Dios Padre. Note cuán rápidamente se dice y cuánto valor tiene. Él es Dios y es Padre; Dios en poder, Padre en bondad. ¡Cuán afortunados somos de haber descubierto que nuestro Dios es nuestro Padre! Así que, creamos en él y recibamos todas las promesas que provienen de su bondad y misericordia, porque él es todopoderoso. Esta es la razón por la que creemos en Dios Padre, Todopoderoso.

Nadie tiene que decir, "Dios no puede perdonarme mis pecados".

"¿Cómo podría hacerlo, siendo todopoderoso?"

Y yo digo, "pero él es todopoderoso".

Y usted: "He cometido tales pecados que posiblemente no puedo ser limpiado ni liberado de ellos".

Yo respondo: "Pero él es todopoderoso".

Note lo que le cantamos a Dios en el salmo: "Alaba, alma mía, al Señor", y dice: "y no olvides ninguno de sus beneficios. Él perdona todos tus pecados y sana todas tus dolencias" (Sal. 103:2-3). Para esto es que necesitamos que Dios sea todopoderoso.

Por supuesto, toda la creación necesita esto, para ser creada; Dios es todopoderoso para hacer las cosas celestiales y las terrenales, todopoderoso para hacer las cosas inmortales y las mortales, todopoderoso para hacer las cosas espirituales y las materiales, todopoderoso para hacer las cosas visibles y las invisibles; grandioso con todo lo grandioso y nunca mezquino con las cosas menores; en una palabra, él es todopoderoso para hacer todo lo que deseó hacer.

Ahora, permítame decirle cuántas cosas Dios no puede hacer. No puede morir, no puede pecar, no puede mentir, no puede ser engañado o estar equivocado; tantas cosas que no puede hacer, que si pudiera no sería todopoderoso. Así que, crea en él y confiéselo. Porque con el corazón uno cree para justicia, pero con la boca uno confiesa para salvación (Rom. 10:10). Esta es la razón por la que, una vez que usted ha creído, tiene que confesar, al devolver el Símbolo. Así que, reciba ahora lo que debe retener y, luego, devuélvalo y nunca olvide.

—Tomado de un sermón sobre el Credo
San Agustín of Hipona, Siglo 5

PREGUNTAR
Exprese sus preguntas, dudas, curiosidades y dilemas.

AFIRMAR
Escriba cualquier afirmación fresca que esté dando vueltas en su corazón y mente hoy.

Ahora afirme el Credo de los Apóstoles en voz alta:
Creo en Dios, Padre Todopoderoso, creador del cielo y la tierra; y en Jesucristo, su único Hijo, Señor nuestro . . .

Día 2: *Pero ninguno de los dos sentía vergüenza*

LEER

Génesis 2:4–25

Ésta es la historia de la creación de los cielos y la tierra.

Cuando Dios el Señor hizo la tierra y los cielos, aún no había ningún arbusto del campo sobre la tierra, ni había brotado la hierba, porque Dios el Señor todavía no había hecho llover sobre la tierra ni existía el hombre para que la cultivara. No obstante, salía de la tierra un manantial que regaba toda la superficie del suelo. Y Dios el Señor formó al hombre del polvo de la tierra, y sopló en su nariz hálito de vida, y el hombre se convirtió en un ser viviente.

Dios el Señor plantó un jardín al oriente del Edén, y allí puso al hombre que había formado. Dios el Señor hizo que creciera toda clase de árboles hermosos, los cuales daban frutos buenos y apetecibles. En medio del jardín hizo crecer el árbol de la vida y también el árbol del conocimiento del bien y del mal.

Del Edén nacía un río que regaba el jardín, y que desde allí se dividía en cuatro ríos menores. El primero se llamaba Pisón, y recorría toda la región de Javilá, donde había oro. El oro de esa región era fino, y también había allí resina muy buena y piedra de ónice. El segundo se llamaba Guijón, que recorría toda la región de Cus. El tercero se llamaba Tigris, que corría al este de Asiria. El cuarto era el Éufrates.

Dios el Señor tomó al hombre y lo puso en el jardín del Edén para que lo cultivara y lo cuidara, *y le dio este mandato: «Puedes comer de todos los árboles del jardín, pero del árbol del conocimiento del bien y del mal no deberás comer. El día que de él comas, ciertamente morirás.»*

Luego Dios el Señor dijo: «No es bueno que el hombre esté solo. *Voy a hacerle una ayuda adecuada.»*

Entonces Dios el Señor formó de la tierra toda ave del cielo y todo animal del campo, y se los llevó al hombre para ver qué nombre les pondría. El hombre les puso nombre a todos los seres vivos, y con ese nombre se les conoce. Así el hombre fue poniéndoles nombre a todos los animales domésticos, a todas las aves del cielo y a todos los animales del campo.

Sin embargo, no se encontró entre ellos la ayuda adecuada para el hombre. Entonces Dios el Señor hizo que el hombre cayera en un sueño profundo y, mientras éste dormía, le sacó una costilla y le cerró la herida. De la costilla que le había quitado al hombre, Dios el Señor hizo una mujer y se la presentó al hombre,

el cual exclamó:
«Ésta sí es hueso de mis huesos
* y carne de mi carne.*
Se llamará "mujer"
* porque del hombre fue sacada.»*

Por eso el hombre deja a su padre y a su madre, y se une a su mujer, y los dos se funden en un solo ser.

En ese tiempo el hombre y la mujer estaban desnudos, pero ninguno de los dos sentía vergüenza.

MEDITAR

Mientras lees el texto, quizás un versículo o frase le llamó la atención. Copie esa frase aquí abajo de manera pausada y deliberada. Si no, entonces, escoja una de las oraciones en negrita que están en el pasaje bíblico anterior y cópielo con su letra manuscrita. A manera de meditación, escriba cinco veces el versículo o frase que seleccionó, despacio, uno después del otro. Luego, escriba de nuevo el texto o expréselo en sus propias palabras. (i.e., Dios le dio al hombre un trabajo: cuidar del jardín). Al hacer este ejercicio, ¿surgió alguna revelación o epifanía? Anótelo aquí.

REFLEXIONAR

Si desean saber la razón por la que llamamos Padre a nuestro Dios, escuchen a Moisés: "¿Y así le pagas al Señor, pueblo tonto y necio? ¿Acaso no es tu Padre, tu Creador, el que te hizo y te formó?" (Deut. 32:6).

Escuchen también a Isaías: "A pesar de todo, Señor, tú eres nuestro Padre; nosotros somos el barro, y tú el alfarero. Todos somos obra de tu mano" (Isa. 64:8). Bajo inspiración profética, Isaías habló de manera sencilla. Dios es nuestro Padre, no por naturaleza, sino por gracia y por adopción. Pablo también fue un padre: padre de los cristianos en Corinto. No porque los haya engendrado según la carne, sino porque los había regenerado según el Espíritu.

Cuando su cuerpo fue sujetado a la cruz, Cristo viendo a María, su madre según la carne, y a Juan, el discípulo más querido para él, le dijo a Juan: "He aquí tu madre", y a María: "He aquí tu hijo". A María, Cristo la llamó madre de Juan, no porque ella lo hubiera engendrado, sino porque ella lo amaba (Juan 19:26-27).

José también fue llamado padre de Cristo, no como procreador en el sentido físico, sino como su guardián: José tenía que alimentarlo y protegerlo.

Con mayor razón Dios se hace llamar Padre de los seres humanos y desea que nosotros lo llamemos Padre. ¡Qué generosidad tan indescriptible! Dios habita en los cielos; nosotros vivimos en la tierra. Él ha creado las edades; nosotros vivimos en el tiempo. Él tiene al mundo en su mano; nosotros no somos sino saltamontes sobre la faz de la tierra.

—Tomado de *Dios es Padre*
Cirilo de Jerusalén, siglo 4

PREGUNTAR
Exprese sus preguntas, dudas, curiosidades y dilemas.

AFIRMAR
Escriba cualquier afirmación fresca que esté dando vueltas en su corazón y mente hoy.

Ahora afirme el Credo de los Apóstoles en voz alta:

Creo en Dios, Padre Todopoderoso, creador del cielo y la tierra; y en Jesucristo, su único Hijo, Señor nuestro . . .

Día 3: *Les permite clamar: "¡Abba!, ¡Padre!*

LEER

Romanos 8:15–17

> Y ustedes no recibieron un espíritu que de nuevo los esclavice al miedo, sino el Espíritu que los adopta como hijos y les permite clamar: «¡Abba! ¡Padre!» El Espíritu mismo le asegura a nuestro espíritu que somos hijos de Dios. Y si somos hijos, somos herederos; herederos de Dios y coherederos con Cristo, pues si ahora sufrimos con él, también tendremos parte con él en su gloria.

Gálatas 4:1-7

> En otras palabras, mientras el heredero es menor de edad, en nada se diferencia de un esclavo, a pesar de ser dueño de todo. Al contrario, está bajo el cuidado de tutores y administradores hasta la fecha fijada por su padre. Así también nosotros, cuando éramos menores, estábamos esclavizados por los principios de este mundo. Pero cuando se cumplió el plazo, Dios envió a su Hijo, nacido de una mujer, nacido bajo la ley, para rescatar a los que estaban bajo la ley, a fin de que fuéramos adoptados como hijos.
>
> Ustedes ya son hijos. Dios ha enviado a nuestros corazones el Espíritu de su Hijo, que clama: «¡Abba! ¡Padre!» Así que ya no eres esclavo sino hijo; y como eres hijo, Dios te ha hecho también heredero.

MEDITAR

Invite al Espíritu Santo para ayudarle a que se dirija a Dios como "Abba, Padre". Pronuncie, una y otra vez, este nombre lleno de afecto y absolutamente íntimo que un niño usaría para su "Papi". ¿Le fue difícil?

¿Incómodo? ¿Forzado o natural? Si siente resistencia para dirigirse a Dios de esta manera, pregúntese de dónde viene la resistencia. ¿Qué hace tan difícil que usted pueda concebir y creer en Dios como un buen Padre? Muy frecuentemente el fracaso de nuestros padres terrenales hace que sea desafiante dirigirse y creer en Dios como un Padre bueno y amoroso. Invite al Espíritu Santo para iniciar o profundizar un proceso de sanidad en su vida. Ore por la sanidad y restauración de su visión de Dios como Padre amoroso. Tomará tiempo.

REFLEXIONAR

Esta relación también involucra al amor. Si Dios es mi Padre, él me ama. Y, ¡oh, cómo me ama! Cuando Dios es un Esposo, es el mejor de los esposos y, de una u otra manera, siempre cuida y asiste a las viudas. Cuando Dios es un Amigo, es el mejor de los amigos y más cercano que un hermano; y cuando es Padre, es el mejor de los padres. ¡Oh, padres! Tal vez vosotros no sabéis si amáis bien a sus hijos. Cuando están enfermos os buscan y os encuentran, pues estáis cerca de sus camas, y podéis ver cómo se retuercen de dolor. Bien, en el Salmo 103:13 leemos lo siguiente: "como un padre se compadece de sus hijos, así se compadece el Señor de los que le temen". Sabéis que también amáis a vuestros hijos aún cuando os disgustan por sus pecados. Os enojáis y pensáis en castigarles, pero tan pronto como las lágrimas están en sus ojos, desearíais haberos castigado a vosotros mismos antes que a ellos. Y Dios nuestro Padre, según nos dice Lamentaciones 3:33, "no se complace en afligir o entristecer a los hijos de los hombres". ¿No es esto hermoso? A veces Dios está obligado a disciplinarnos, y si bien no lo desea, es solamente por su gran amor y profunda sabiduría que aplica el castigo.

—Tomado de "La Paternidad de Dios"
Charles Spurgeon

Semana 1

PREGUNTAR

Exprese sus preguntas, dudas, curiosidades y dilemas.

AFIRMAR

Escriba cualquier afirmación fresca que esté dando vueltas en su corazón y mente hoy.

Ahora afirme el Credo de los Apóstoles en voz alta:

Creo en Dios, Padre Todopoderoso, creador del cielo y la tierra; y en Jesucristo, su único Hijo, Señor nuestro . . .

Día 4: ¿Quién es el Rey de la gloria?

LEER
Salmo 24

Del Señor es la tierra y todo cuanto hay en ella,
el mundo y cuantos lo habitan;
porque él la afirmó sobre los mares,
la estableció sobre los ríos.
¿Quién puede subir al monte del Señor?
¿Quién puede estar en su lugar santo?
Sólo el de manos limpias y corazón puro,
el que no adora ídolos vanos
ni jura por dioses falsos.
Quien es así recibe bendiciones del Señor;
Dios su Salvador le hará justicia
Tal es la generación de los que a ti acuden,
de los que buscan tu rostro, oh Dios de Jacob.
Eleven, puertas, sus dinteles;
levántense, puertas antiguas,
que va a entrar el Rey de la gloria.
¿Quién es este Rey de la gloria?
El Señor, el fuerte y valiente,
el Señor, el valiente guerrero.
Eleven, puertas, sus dinteles;
levántense, puertas antiguas,
que va a entrar el Rey de la gloria.
¿Quién es este Rey de la gloria?
Es el Señor Todopoderoso;
¡él es el Rey de la gloria!

MEDITAR

"Del Señor es la tierra y todo cuanto hay en ella, el mundo y cuantos lo habitan" (Sal. 24:1). Medite en esta frase como una afirmación de fe. Permita que su mente se llene con el contenido expansivo de "todo cuanto hay en ella". Imagine ahora al Señor viniendo a su Creación, parado en las puertas y preparándose para entrar como el Rey de la gloria. Declare a las puertas de su corazón, "eleven, puertas, sus dinteles . . . que va entrar el Rey de la gloria" (Sal. 24:7).

¿Conoces el canto "Clean Hands" [Manos limpias] de Charlie Hall? Si no, haz una búsqueda rápida en internet y escucha la letra. Canta este canto como un acto de oración meditativa. La traducción de la letra al español dice:

Rendimos nuestros corazones,
doblamos nuestras rodillas.
Espíritu ven haznos humildes.
Quitamos nuestros ojos
de cosas malas
y destruimos nuestros ídolos.
Danos manos limpias,
danos corazones puros,
no nos dejes elevar nuestra alma a ningún otro.
Dios deja que esta sea
una generación que te busque,
que busque tu rostro oh Dios de Jacob.
Dios déjanos ser
una generación que te busque,
que busque tu rostro oh Dios de Jacob.

REFLEXIONAR

Deseo que la creación te penetre con tanta admiración, que dondequiera estés, la más pequeña planta te traiga el recuerdo claro del Creador... Una brizna de hierba o una partícula de polvo es suficiente para ocupar toda tu inteligencia contemplando el arte con el que se ha hecho.

—Tomado de *La germinación de la tierra*
Basileo el Grande

PREGUNTAR

Exprese sus preguntas, dudas, curiosidades y dilemas.

AFIRMAR

Escriba cualquier afirmación fresca que esté dando vueltas en su corazón y mente hoy.

Ahora afirme el Credo de los Apóstoles en voz alta:

Creo en Dios, Padre Todopoderoso, creador del cielo y la tierra; y en Jesucristo, su único Hijo, Señor nuestro...

Día 5: *El firmamento proclama la obra de sus manos*

LEER
Salmo 19

Los cielos cuentan la gloria de Dios,
    el firmamento proclama la obra de sus manos.
Un día comparte al otro la noticia,
    una noche a la otra se lo hace saber.
Sin palabras, sin lenguaje, sin una voz perceptible,
    por toda la tierra resuena su eco,
    ¡sus palabras llegan hasta los confines del mundo!
Dios ha plantado en los cielos un pabellón para el sol.
    Y éste, como novio que sale de la cámara nupcial,
    se apresta, cual atleta, a recorrer el camino.
Sale de un extremo de los cielos y,
    en su recorrido, llega al otro extremo,
    sin que nada se libre de su calor.
La ley del Señor es perfecta:
    infunde nuevo aliento.
El mandato del Señor es digno de confianza:
    da sabiduría al sencillo
Los preceptos del Señor son rectos:
    traen alegría al corazón.
El mandamiento del Señor es claro:
    da luz a los ojos.
El temor del Señor es puro:
    permanece para siempre.
Las sentencias del Señor son verdaderas:
    todas ellas son justas

Son más deseables que el oro,
*   más que mucho oro refinado;*
*   son más dulces que la miel,*
*   la miel que destila del panal*
Por ellas queda advertido tu siervo;
*   quien las obedece recibe una gran recompensa.*
¿Quién está consciente de sus propios errores?
*   ¡Perdóname aquellos de los que no estoy consciente!*
Libra, además, a tu siervo de pecar a sabiendas;
*   no permitas que tales pecados me dominen.*
Así estaré libre de culpa y de multiplicar mis pecados.
Sean, pues, aceptables ante ti mis palabras y mis pensamientos,
*   oh Señor, roca mía y redentor mío.*

MEDITAR

El Salmo 19 captura lo que muchos han llamado los dos libros de revelación: la Creación misma y la Torá (la ley o Palabra de Dios). Todo lo creado nos dirige hacia Dios. Cada palabra que Dios dice revela más de su naturaleza. Esta noche, vaya afuera donde pueda echar una mirada a la luna y las estrellas. Mientras está allí, recite en voz alta: "Los cielos cuentan la gloria de Dios, el firmamento proclama la obra de sus manos". Medite en la manera en que estos astros hablan de la gloria de Dios a través de su silencio. En la mañana, despiértese lo suficientemente temprano para ver el amanecer y contemple el sol brotando de su pabellón, como un campeón regocijándose al correr por el cielo y con cada movimiento gritar gloria por medio de su brillante silencio. Considere el hecho de que si el sol estuviera un grado más cerca, nos quemaría; si estuviera un grado más alejado nos congelaríamos hasta morir. Este sol no es un dios como lo han supuesto muchas personas en la historia. No, tan solo señala hacia Dios que lo creó.

Aprenda a leer el libro de la Creación y a recibir su revelación siempre con una frescura reveladora. Medite y piense en estas cosas. Dios ha ordenado nuestros días, semanas, meses y estaciones en patrones rítmicos que revelan su realidad brillante.

REFLEXIONAR

Permita que la verdad de Dios sea absorbida en su alma para que sea su fundamento. Dios es Uno, sin principio y sin cambio. No había nadie antes de Él que hubiese causado su existencia, y no habrá nadie después de Él. No tuvo principio y nunca tendrá un final. Dios es bueno y justo.

Dios es Uno y ha creado almas y cuerpos, cielo y tierra.

Dios es el hacedor de todas las cosas, y Padre desde la eternidad de su único Hijo, nuestro Señor Jesucristo, por quien hizo todo, lo visible y lo invisible. Dios el Padre de nuestro Señor Jesucristo no está circunscrito a un lugar: ni siquiera los cielos lo pueden contener. Por el contrario, los cielos son obra de sus dedos y es Él quien sostiene el universo en sus manos. Dios está en todo y, sin embargo, está más allá de todo.

No crean que el sol supera a Dios en luminosidad o es siquiera igual. Fue Dios quien creó el sol y, por lo tanto, es en comparación mayor y más luminoso. Dios sabe lo que sucederá en el futuro. Es más poderoso que cualquiera. Lo sabe todo y lo hace todo según su propia voluntad. Dios no está sujeto a las vicisitudes del tiempo; no depende de otros; no es víctima del destino. Dios es perfecto en todo y posee todas las virtudes en su plenitud. Dios es quien ha preparado una corona para el justo.

—Tomado de *El fundamento del Alma*
Cirilo de Jerusalén, siglo 4

PREGUNTAR
Exprese sus preguntas, dudas, curiosidades y dilemas.

AFIRMAR
Escriba cualquier afirmación fresca que esté dando vueltas en su corazón y mente hoy.

Ahora afirme el Credo de los Apóstoles en voz alta:

Creo en Dios, Padre Todopoderoso, creador del cielo y la tierra; y en Jesucristo, su único Hijo, Señor nuestro . . .

Día 6: *La serpiente*

LEER
Génesis 3:1-24

La serpiente era más astuta que todos los animales del campo que Dios el Señor había hecho, así que le preguntó a la mujer: —¿Es verdad que Dios les dijo que no comieran de ningún árbol del jardín?

—Podemos comer del fruto de todos los árboles —respondió la mujer—.

Pero, en cuanto al fruto del árbol que está en medio del jardín, Dios nos ha dicho: "No coman de ese árbol, ni lo toquen; de lo contrario, morirán."

Pero la serpiente le dijo a la mujer: —¡No es cierto, no van a morir! Dios sabe muy bien que, cuando coman de ese árbol, se les abrirán los ojos y llegarán a ser como Dios, conocedores del bien y del mal.

La mujer vio que el fruto del árbol era bueno para comer, y que tenía buen aspecto y era deseable para adquirir sabiduría, así que tomó de su fruto y comió. Luego le dio a su esposo, y también él comió. En ese momento se les abrieron los ojos, y tomaron conciencia de su desnudez. Por eso, para cubrirse entretejieron hojas de higuera.

Cuando el día comenzó a refrescar, oyeron el hombre y la mujer que Dios andaba recorriendo el jardín; entonces corrieron a esconderse entre los árboles, para que Dios no los viera. Pero Dios el Señor llamó al hombre y le dijo: —¿Dónde estás?

El hombre contestó: —Escuché que andabas por el jardín, y tuve miedo porque estoy desnudo. Por eso me escondí.

—¿Y quién te ha dicho que estás desnudo? —le preguntó Dios—. ¿Acaso has comido del fruto del árbol que yo te prohibí comer?

Él respondió: —La mujer que me diste por compañera me dio de ese fruto, y yo lo comí.

Entonces Dios el Señor le preguntó a la mujer: —¿Qué es lo que has hecho?
—La serpiente me engañó, y comí —contestó ella.
Dios el Señor dijo entonces a la serpiente: «Por causa de lo que has hecho,
   ¡maldita serás entre todos los animales,
      tanto domésticos como salvajes!
Te arrastrarás sobre tu vientre,
      y comerás polvo
      todos los días de tu vida.
Pondré enemistad
      entre tú y la mujer,
      y entre tu simiente y la de ella;
      su simiente te aplastará la cabeza,
      pero tú le morderás el talón.»
A la mujer le dijo:
«Multiplicaré tus dolores en el parto,
      y darás a luz a tus hijos con dolor.
Desearás a tu marido,
      y él te dominará.»
Al hombre le dijo: «Por cuanto le hiciste caso a tu mujer, y comiste del árbol del que te prohibí comer,
      ¡maldita será la tierra por tu culpa!
      Con penosos trabajos comerás de ella todos los días de tu vida.
La tierra te producirá cardos y espinas,
      y comerás hierbas silvestres.
Te ganarás el pan con el sudor de tu frente,
      hasta que vuelvas a la misma tierra de la cual fuiste sacado.
Porque polvo eres, y al polvo volverás.»
El hombre llamó Eva a su mujer, porque ella sería la madre de todo ser viviente.
Dios el Señor hizo ropa de pieles para el hombre y su mujer, y los vistió. Y dijo: «El ser humano ha llegado a ser como uno de nosotros, pues tiene conocimiento del

bien y del mal. No vaya a ser que extienda su mano y también tome del fruto del árbol de la vida, y lo coma y viva para siempre.» Entonces Dios el Señor expulsó al ser humano del jardín del Edén, para que trabajara la tierra de la cual había sido hecho. Luego de expulsarlo, puso al oriente del jardín del Edén a los querubines, y una espada ardiente que se movía por todos lados, para custodiar el camino que lleva al árbol de la vida.

MEDITAR

¿Capturó su atención, de manera particular, alguna frase o versículo de la lectura? Si es así, preste atención. El Espíritu Santo puede estar trayendo esto a su mente por alguna razón en particular. Si no, considere el texto que está en negrita. Medite en lo que sería caminar con Dios el Señor en medio de jardines hermosos en la frescura de un día. Ahora repase estas palabras en su mente: "corrieron a esconderse entre los árboles para que Dios no los viera". Recite estas palabras de Dios en voz alta como si Dios se las estuviera diciendo a usted: "¿dónde estás?" Indique dónde se encuentra usted en la línea entre Caminando con Dios y Escondiéndose de Dios:

Caminando con Dios————————————————————Escondiéndose de Dios

REFLEXIONAR

Creo que Dios me creó, junto con todas las criaturas. Dios me dio: cuerpo y alma, ojos, oídos y todas las otras partes del cuerpo, mi mente y todos mis sentidos, y también las preserva. Dios me da vestido y calzado, alimento y bebida, casa y tierra, cónyuge e hijos, campos, animales y todo lo que poseo. Dios cada día provee abundantemente todo lo que necesito para nutrir este cuerpo y vida. Dios me protege de todo peligro, me escuda y defiende de toda maldad. Esto lo hace Dios por su bondad y misericordia pura, paternal y divina, y no porque lo haya ganado o merecido. Por todo esto, tengo que dar gracias, alabar, servir y obedecer a Dios. ¡Sí, esto es verdad!

—Tomado de *El pequeño catecismo*
Martín Lutero

PREGUNTAR

Exprese sus preguntas, dudas, curiosidades y dilemas.

AFIRMAR

Escriba cualquier afirmación fresca que esté dando vueltas en su corazón y mente hoy.

Ahora afirme el Credo de los Apóstoles en voz alta:

Creo en Dios, Padre Todopoderoso, creador del cielo y la tierra; y en Jesucristo, su único Hijo, Señor nuestro . . .

Semana 2
Creo en Jesucristo,
su único Hijo, Señor nuestro

Día 1: *El Verbo se hizo carne*

LEER
Juan 1:1-18

En el principio ya existía el Verbo, y el Verbo estaba con Dios, y el Verbo era Dios. Él estaba con Dios en el principio.

Por medio de él todas las cosas fueron creadas; sin él, nada de lo creado llegó a existir. *En él estaba la vida, y la vida era la luz de la humanidad. Esta luz resplandece en las tinieblas, y las tinieblas no han podido extinguirla.*

Vino un hombre llamado Juan. Dios lo envió como testigo para dar testimonio de la luz, a fin de que por medio de él todos creyeran. Juan no era la luz, sino que vino para dar testimonio de la luz. Esa luz verdadera, la que alumbra a todo ser humano, venía a este mundo.

El que era la luz ya estaba en el mundo, y el mundo fue creado por medio de él, pero el mundo no lo reconoció. Vino a lo que era suyo, pero los suyos no lo recibieron. Mas a cuantos lo recibieron, a los que creen en su nombre, les dio el derecho de ser hijos de Dios. Éstos no nacen de la sangre, ni por deseos naturales, ni por voluntad humana, sino que nacen de Dios.

Y el Verbo se hizo hombre y habitó entre nosotros. Y hemos contemplado su gloria, la gloria que corresponde al Hijo unigénito del Padre, lleno de gracia y de verdad.

Juan dio testimonio de él, y a voz en cuello proclamó: «Éste es aquel de quien yo decía: "El que viene después de mí es superior a mí, porque existía antes que yo."» De su plenitud todos hemos recibido gracia sobre gracia, pues la ley fue dada por medio de Moisés, mientras que la gracia y la verdad nos han llegado por medio de Jesucristo. A Dios nadie lo ha visto nunca; el Hijo unigénito, que es Dios y que vive en unión íntima con el Padre, nos lo ha dado a conocer.

MEDITAR

¿Capturó su atención, de manera particular, alguna frase o versículo de la lectura? Si es así, preste atención. El Espíritu Santo puede estar trayendo esto a su mente por alguna razón en particular. Si no, considere el texto que está en negritas. El Credo no lleva desde el Padre, como el hacedor todopoderoso del cielo y la tierra, al Hijo. Considere el hecho revelado de que Jesucristo es también instrumental en la Creación. "Por medio de él todas las cosas fueron creadas". Diga esta oración en voz alta unas cuantas veces de manera que sus oídos la puedan escuchar. Ahora añada lo que parece una cláusula redundante: "sin él, nada de lo creado llegó a existir". Diga esta oración en voz alta algunas veces. Ahora diga toda la oración completa en voz alta. Dé ahora una mirada alrededor del ambiente natural y considere que todo lo que usted ve fue hecho por medio de Jesucristo.

(Nota: mantenga en mente que, con estos ejercicios, no estamos buscando principios claramente definidos en la Escritura para aplicar en nuestras vidas. En realidad, nos estamos alejando de "nosotros mismos" para estar más inmersos en la realidad expansiva y gloriosa de nuestro Dios. Aunque esto ejercicios podrían no sentirse tan "prácticos" para su día, sostener esta clase de meditación en Dios le conducirá a algo infinitamente más práctico).

Día 1

REFLEXIONAR

El Hijo, que es el Verbo del Padre, verdadero y eterno Dios, y de una misma substancia con el Padre, tomó la naturaleza humana en el seno de la bienaventurada Virgen; de manera que dos naturalezas enteras y perfectas, a saber: la divina y la humana, se unieron en una sola persona, para jamás ser separadas; de lo cual es un solo Cristo, verdadero Dios y verdadero hombre, el cual verdaderamente padeció, fue crucificado, muerto y sepultado, para reconciliar a su Padre con nosotros, y para ser sacrificio, no solamente por la culpa original, sino también por los pecados personales de los hombres.

—Tomado de *Los Artículos de Religión de la Iglesia Metodista*
"Artículo 2: Del Verbo, o Hijo de Dios,
que fue hecho verdadero hombre"

PREGUNTAR

Exprese sus preguntas, dudas, curiosidades y dilemas.

AFIRMAR

Escriba cualquier afirmación fresca que esté dando vueltas en su corazón y mente hoy.

Ahora afirme el Credo de los Apóstoles en voz alta:

Creo en Dios, Padre Todopoderoso, creador del cielo y la tierra; y en Jesucristo, su único Hijo, Señor nuestro . . .

Día 2: *El resplandor de la gloria de Dios*

LEER
Hebreos 1:1-4

> Dios, que muchas veces y de varias maneras habló a nuestros antepasados en otras épocas por medio de los profetas, en estos días finales nos ha hablado por medio de su Hijo. A éste lo designó heredero de todo, y por medio de él hizo el universo. **El Hijo es el resplandor de la gloria de Dios, la fiel imagen de lo que él es, y el que sostiene todas las cosas con su palabra poderosa.** *Después de llevar a cabo la purificación de los pecados, se sentó a la derecha de la Majestad en las alturas. Así llegó a ser superior a los ángeles en la misma medida en que el nombre que ha heredado supera en excelencia al de ellos.*

MEDITAR

Medite en la palabra "resplandor". ¿Cómo la define? ¿Qué considera usted algo "resplandeciente"? Hable con Dios, diciendo: "Jesús, tú eres el resplandor de la gloria de Dios". A lo anterior, añada esto: "tú eres la fiel imagen de Dios". Muy frecuentemente las personas hablan en términos de "Jesús y Dios", cuando, de hecho, Jesús es Dios. Repase esta frase en su mente: "Cuando veo a Jesús, veo a Dios". Finalmente, hable con Dios diciendo: "Jesús, tú sostienes todas las cosas por medio del poder de tu palabra". Piense en lo inclusivo que es el término "todo o todas". Una última oración: "Jesús, mi Dios, tú me sostienes por el poder de tu palabra". Escriba ahora estas oraciones a continuación de manera pausada y deliberada.

REFLEXIONAR

> Al inmortal, Dios Invisible, y Fiel
> Al que mora en inaccesible fulgor
> Anciano de días, glorioso Señor
> ¡Al Rey de victorias, por siempre loor!
>
> Queremos cantarte, ayuda, Señor
> A ver hoy la gloria de tu esplendor
> Oh Dios poderoso imparte tu amor
> Por medio de Cristo a todo corazón.

—Tomado de *Hymns of Christ and the Christian Life*
[Himnos de Cristo y de la Vida Cristiana],
1876 Walter C. Smith

PREGUNTAR

Exprese sus preguntas, dudas, curiosidades y dilemas.

AFIRMAR

Escriba cualquier afirmación fresca que esté dando vueltas en su corazón y mente hoy.

Ahora afirme el Credo de los Apóstoles en voz alta:

Creo en Dios, Padre Todopoderoso, creador del cielo y la tierra; y en Jesucristo, su único Hijo, Señor nuestro . . .

Día 3: *Porque a Dios le agradó*

LEER
Colosenses 1:15-23

Él es la imagen del Dios invisible, el primogénito de toda creación, porque por medio de él fueron creadas todas las cosas en el cielo y en la tierra, visibles e invisibles, sean tronos, poderes, principados o autoridades: todo ha sido creado por medio de él y para él. Él es anterior a todas las cosas, que por medio de él forman un todo coherente. Él es la cabeza del cuerpo, que es la iglesia. Él es el principio, el primogénito de la resurrección, para ser en todo el primero. Porque a Dios le agradó habitar en él con toda su plenitud y, por medio de él, reconciliar consigo todas las cosas, tanto las que están en la tierra como las que están en el cielo, haciendo la paz mediante la sangre que derramó en la cruz.

En otro tiempo ustedes, por su actitud y sus malas acciones, estaban alejados de Dios y eran sus enemigos. Pero ahora Dios, a fin de presentarlos santos, intachables e irreprochables delante de él, los ha reconciliado en el cuerpo mortal de Cristo mediante su muerte, con tal de que se mantengan firmes en la fe, bien cimentados y estables, sin abandonar la esperanza que ofrece el evangelio. Éste es el evangelio que ustedes oyeron y que ha sido proclamado en toda la creación debajo del cielo, y del que yo, Pablo, he llegado a ser servidor.

MEDITAR

Trae a tu mente algunos de tus amigos más cercanos. Visualízalos. Medita ahora en esta pregunta: ¿Qué tal si (el nombre del amigo) fuera el Dios del cosmos? Podría ser muy fácil pasar por alto una oración como: "Porque a Dios le agradó habitar en él con toda su plenitud", y difícilmente considerarla. Las implicaciones son sorprendentes. Dios, el Creador no creado de todo lo que hay, existe en plenitud, en totalidad en un solo ser humano. Dicho de otra manera, un solo ser humano, Jesucristo, exactamente igual al amigo que nombró anteriormente, excepto que sin pecado, es Dios. ¿Cómo podríamos librarnos de nuestra comodidad religiosa y despertarnos a esta inmensa verdad?

REFLEXIONAR

No puedo comprender cómo estas personas, que saquean esta hermosa y noble economía del Unigénito, conectan a un hombre con él en términos de una relación adornada con honores externos y radiante en gloria que no es la suya, porque, entonces, él no sería verdaderamente Dios, sino alguien que tiene comunión y participación con Dios, y sería, de esta manera, un hijo llamado falsamente, un salvador salvado, un redentor redimido.

——Tomado de *On the Unity of Christ* [Sobre la unidad de Cristo]
Cirilo de Alejandría

PREGUNTAR

Exprese sus preguntas, dudas, curiosidades y dilemas.

AFIRMAR

Escriba cualquier afirmación fresca que esté dando vueltas en su corazón y mente hoy.

Ahora afirme el Credo de los Apóstoles en voz alta

Creo en Dios, Padre Todopoderoso, creador del cielo y la tierra; y en Jesucristo, su único Hijo, Señor nuestro . . .

Día 4: *Para que lo conozcan mejor*

LEER
Efesios 1:15-23

> Por eso yo, por mi parte, desde que me enteré de la fe que tienen en el Señor Jesús y del amor que demuestran por todos los santos, no he dejado de dar gracias por ustedes al recordarlos en mis oraciones. Pido que el Dios de nuestro Señor Jesucristo, el Padre glorioso, les dé el Espíritu de sabiduría y de revelación, para que lo conozcan mejor. **Pido también que les sean iluminados los ojos del corazón para que sepan a qué esperanza él los ha llamado, cuál es la riqueza de su gloriosa herencia entre los santos, y cuán incomparable es la grandeza de su poder a favor de los que creemos.** Ese poder es la fuerza grandiosa y eficaz que Dios ejerció en Cristo cuando lo resucitó de entre los muertos y lo sentó a su derecha en las regiones celestiales, muy por encima de todo gobierno y autoridad, poder y dominio, y de cualquier otro nombre que se invoque, no sólo en este mundo sino también en el venidero. Dios sometió todas las cosas al dominio de Cristo, y lo dio como cabeza de todo a la iglesia. Ésta, que es su cuerpo, es la plenitud de aquel que lo llena todo por completo.

MEDITAR

Reflexiona en este pensamiento: este Dios, nuestro Padre, que creó todo lo que existe y que se encarnó en la persona de Jesucristo, desea que lo conozcamos mejor. Tome la frase del pasaje que está en negritas y transfórmela en su propia oración: "Padre, por favor dame el Espíritu de sabiduría y de revelación de tal manera que pueda conocerte mejor y a tu Hijo, Jesucristo". Considere el hecho de que no podemos conocer mejor a Dios sin la ayuda de Dios. No se trata puramente de un asunto de decisión nuestra, sino de una combinación de nuestra disposición y la ayuda de Dios. Ábrase en oración al "Espíritu de sabiduría y de revelación". Dé la bienvenida activamente al Espíritu de sabiduría y de revelación a su ser más íntimo.

REFLEXIONAR

Cuando llegó a la región de Cesarea de Filipo, Jesús preguntó a sus discípulos: —¿Quién dice la gente que es el Hijo del hombre? Le respondieron: —Unos dicen que es Juan el Bautista, otros que Elías, y otros que Jeremías o uno de los profetas. —Y ustedes, ¿quién dicen que soy yo? —Tú eres el Cristo, el Hijo del Dios viviente —afirmó Simón Pedro. —Dichoso tú, Simón, hijo de Jonás —le dijo Jesús—, porque eso no te lo reveló ningún mortal, sino mi Padre que está en el cielo.

—Mateo 16:13-17

PREGUNTAR

Exprese sus preguntas, dudas, curiosidades y dilemas.

AFIRMAR

Escriba cualquier afirmación fresca que esté dando vueltas en su corazón y mente hoy.

Ahora afirme el Credo de los Apóstoles en voz alta:

Creo en Dios, Padre Todopoderoso, creador del cielo y la tierra; y en Jesucristo, su único Hijo, Señor nuestro . . .

Día 5: *Yo soy*

LEER

Juan 6:35

—Yo soy el pan de vida —declaró Jesús—. El que a mí viene nunca pasará hambre, y el que en mí cree nunca más volverá a tener sed.

Juan 8:12

Una vez más Jesús se dirigió a la gente, y les dijo: —Yo soy la luz del mundo. El que me sigue no andará en tinieblas, sino que tendrá la luz de la vida.

Juan 10:7-10

Por eso volvió a decirles: «Ciertamente les aseguro que yo soy la puerta de las ovejas. Todos los que vinieron antes de mí eran unos ladrones y unos bandidos, pero las ovejas no les hicieron caso. Yo soy la puerta; el que entre por esta puerta, que soy yo, será salvo. Se moverá con entera libertad, y hallará pastos. El ladrón no viene más que a robar, matar y destruir; yo he venido para que tengan vida, y la tengan en abundancia.»

Juan 10:14-15

Yo soy el buen pastor; conozco a mis ovejas, y ellas me conocen a mí, así como el Padre me conoce a mí y yo lo conozco a él, y doy mi vida por las ovejas.

Juan 11:25-26

Entonces Jesús le dijo: —Yo soy la resurrección y la vida. El que cree en mí vivirá, aunque muera; y todo el que vive y cree en mí no morirá jamás. ¿Crees esto?

Juan 14:6-7

—Yo soy el camino, la verdad y la vida —le contestó Jesús—. Nadie llega al Padre sino por mí. Si ustedes realmente me conocieran, conocerían también a mi Padre. Y ya desde este momento lo conocen y lo han visto.

Juan 15:1-5

»Yo soy la vid verdadera, y mi Padre es el labrador. Toda rama que en mí no da fruto, la corta; pero toda rama que da fruto la poda para que dé más fruto todavía. Ustedes ya están limpios por la palabra que les he comunicado. Permanezcan en mí, y yo permaneceré en ustedes. Así como ninguna rama puede dar fruto por sí misma, sino que tiene que permanecer en la vid, así tampoco ustedes pueden dar fruto si no permanecen en mí.

»Yo soy la vid y ustedes son las ramas. El que permanece en mí, como yo en él, dará mucho fruto; separados de mí no pueden ustedes hacer nada.

MEDITAR

"Creo en Jesucristo, su único Hijo, Señor nuestro". Medite en esta frase: 'Señor nuestro". Es importantísimo que aunque decimos "Señor nuestro", también lo que queremos decir es "mi Señor". Medite en la siguiente letanía. En cada línea diga en voz alta la parte de Jesús, "Yo soy el pan de vida". Luego responda diciendo, "Tú eres mi Señor".

Jesús:	Yo soy el pan de vida.
Yo:	Tú eres mi Señor.
Jesús:	Yo soy la luz del mundo.
Yo:	Tú eres mi Señor.
Jesús:	Yo soy la puerta de las ovejas.

Yo:	Tú eres mi Señor.
Jesús:	Yo soy el buen pastor.
Yo:	Tú eres mi Señor.
Jesús:	Yo soy la resurrección y la vida.
Yo:	Tú eres mi Señor.
Jesús:	Yo soy el camino, la verdad y la vida.
Yo:	Tú eres mi Señor.
Jesús:	Yo soy vid verdadera.
Yo:	Tú eres mi Señor.

REFLEXIONAR

¿Qué había al principio? "El Verbo", dice él . . . ¿Por qué el Verbo? Para que sepamos que él provino de la mente. ¿Por qué el Verbo? Porque él fue engendrado sin pasión. ¿Por qué el Verbo? Porque él es imagen del Padre quien lo engendró, mostrando así al Padre plenamente, de ninguna manera separado de él y subsistiendo perfectamente en él mismo, así como nuestra palabra engendra enteramente nuestro pensamiento.

—Tomado de *Eulogies and Sermons* [Elogios y Sermones]
Basilio el Grande

PREGUNTAR

Exprese sus preguntas, dudas, curiosidades y dilemas.

AFIRMAR

Escriba cualquier afirmación fresca que esté dando vueltas en su corazón y mente hoy.

Ahora afirme el Credo de los Apóstoles en voz alta:

Creo en Dios, Padre Todopoderoso, creador del cielo y la tierra; y en Jesucristo, su único Hijo, Señor nuestro . . .

Día 6: *Aquel que cree*

LEER

Juan 3:16-21

> *Porque tanto amó Dios al mundo, que dio a su Hijo unigénito, para que todo el que cree en él no se pierda, sino que tenga vida eterna. Dios no envió a su Hijo al mundo para condenar al mundo, sino para salvarlo por medio de él. El que cree en él no es condenado, pero el que no cree ya está condenado por no haber creído en el nombre del Hijo unigénito de Dios. Ésta es la causa de la condenación: que la luz vino al mundo, pero la humanidad prefirió las tinieblas a la luz, porque sus hechos eran perversos. Pues todo el que hace lo malo aborrece la luz, y no se acerca a ella por temor a que sus obras queden al descubierto. En cambio, el que practica la verdad se acerca a la luz, para que se vea claramente que ha hecho sus obras en obediencia a Dios.*

MEDITAR

Hoy nos vamos a concentrar en esta palabra clave del credo, "creo". ¿Cree usted en Jesucristo, su único Hijo, Señor nuestro? Escriba el célebre versículo Juan 3:16 en el espacio abajo. En lugar de "al mundo", ponga una línea en blanco. Ahora inserte su nombre en el espacio en blanco y lea el pasaje en voz alta tres veces. ¿Lo cree? Coloque una x en la siguiente línea entre No creo y Creo indicando dónde se encuentra usted.

No creo————————————————————————Creo

Día 6

REFLEXIONAR

No es suficiente, entonces, con tener algún vago conocimiento de Cristo o participar de especulaciones abstractas, como dicen ellos, y ser capaces de hablar mucho acerca de él, sino que Cristo tiene que tener su asiento en nuestros corazones, de tal manera que estemos sinceramente unidos a él con afecto verdadero.

—Tomado de *Notes on Ephesians* [Notas sobre Efesios]
Juan Calvino

PREGUNTAR

Exprese sus preguntas, dudas, curiosidades y dilemas.

AFIRMAR

Escriba cualquier afirmación fresca que esté dando vueltas en su corazón y mente hoy.

Ahora afirme el Credo de los Apóstoles en voz alta:

Creo en Dios, Padre Todopoderoso, creador del cielo y la tierra; y en Jesucristo, su único Hijo, Señor nuestro . . .

Semana 3
Que fue concebido del Espíritu Santo, nació de la virgen María, padeció bajo el poder Poncio Pilato; fue crucificado, muerto y sepultado

Día 1: *A los seis meses*

LEER
Lucas 1:26–38

A los seis meses, Dios envió al ángel Gabriel a Nazaret, pueblo de Galilea, a visitar a una joven virgen comprometida para casarse con un hombre que se llamaba José, descendiente de David. La virgen se llamaba María. El ángel se acercó a ella y le dijo: —¡Te saludo, tú que has recibido el favor de Dios! El Señor está contigo.

Ante estas palabras, María se perturbó, y se preguntaba qué podría significar este saludo. —No tengas miedo, María; Dios te ha concedido su favor —le dijo el ángel—. Quedarás encinta y darás a luz un hijo, y le pondrás por nombre Jesús. Él será un gran hombre, y lo llamarán Hijo del Altísimo. Dios el Señor le dará el trono de su padre David, y reinará sobre el pueblo de Jacob para siempre. Su reinado no tendrá fin.

—¿Cómo podrá suceder esto —le preguntó María al ángel—, puesto que soy virgen?

—El Espíritu Santo vendrá sobre ti, y el poder del Altísimo te cubrirá con su sombra. Así que al santo niño que va a nacer lo llamarán Hijo de Dios. También tu parienta Elisabet va a tener un hijo en su vejez; de hecho, la que decían que era estéril ya está en el sexto mes de embarazo. Porque para Dios no hay nada imposible.

—Aquí tienes a la sierva del Señor —contestó María—. Que él haga conmigo como me has dicho. Con esto, el ángel la dejó.

MEDITAR

Dios nos revela por medio de la virgen María, una imagen de lo que es la verdadera fe. Frente a un visitante inesperado con una afirmación increíble a una persona improbable, María resueltamente promete una obediencia llena de fe. Tome unos minutos y memorice la respuesta de María: "Aquí tienes a la sierva del Señor. Que él haga conmigo como me has dicho". Esta es la oración del discípulo. Invite al Espíritu Santo para grabar esta oración en su corazón y hacerla parte de su vocabulario de oración.

REFLEXIONAR

El misterio de la navidad, "concebido del Espíritu Santo y nacido de la virgen María", significa que Dios, por su misma gracia, se hizo hombre, hombre verdadero. Este es el milagro de la existencia de Jesús, el "descenso de Dios": ¡Espíritu Santo y virgen María! He aquí a un ser humano, la virgen María, y al provenir de Dios, Jesús proviene también de este ser humano. Nacido de la virgen María significa un origen humano. Jesús no es solamente Dios verdadero, sino que es hombre como nosotros, enteramente hombre. No es que se parezca a nosotros, sino que es igual que nosotros.

—Tomado de *Bosquejo de Dogmática*
Karl Barth

Día 1

PREGUNTAR

Exprese sus preguntas, dudas, curiosidades y dilemas.

AFIRMAR

Escriba cualquier afirmación fresca que esté dando vueltas en su corazón y mente hoy.

Ahora afirme el Credo de los Apóstoles en voz alta:

Creo en Dios, Padre Todopoderoso, creador del cielo y la tierra; y en Jesucristo, su único Hijo, Señor nuestro . . .

Semana 3

Día 2: *Augusto Cesar declaró*

LEER
Lucas 2:1-20

Por aquellos días Augusto César decretó que se levantara un censo en todo el imperio romano. (Este primer censo se efectuó cuando Cirenio gobernaba en Siria.) Así que iban todos a inscribirse, cada cual a su propio pueblo.

También José, que era descendiente del rey David, subió de Nazaret, ciudad de Galilea, a Judea. Fue a Belén, la ciudad de David, para inscribirse junto con María su esposa. Ella se encontraba encinta y, mientras estaban allí, se le cumplió el tiempo. Así que dio a luz a su hijo primogénito. Lo envolvió en pañales y lo acostó en un pesebre, porque no había lugar para ellos en la posada.

En esa misma región había unos pastores que pasaban la noche en el campo, turnándose para cuidar sus rebaños. Sucedió que un ángel del Señor se les apareció. La gloria del Señor los envolvió en su luz, y se llenaron de temor. Pero el ángel les dijo: "No tengan miedo. Miren que les traigo buenas noticias que serán motivo de mucha alegría para todo el pueblo. Hoy les ha nacido en la ciudad de David un Salvador, que es Cristo el Señor. Esto les servirá de señal: Encontrarán a un niño envuelto en pañales y acostado en un pesebre."

De repente apareció una multitud de ángeles del cielo, que alababan a Dios y decían:

"Gloria a Dios en las alturas, y en la tierra paz a los que gozan de su buena voluntad."

Cuando los ángeles se fueron al cielo, los pastores se dijeron unos a otros: "Vamos a Belén, a ver esto que ha pasado y que el Señor nos ha dado a conocer."

Así que fueron de prisa y encontraron a María y a José, y al niño que estaba acostado en el pesebre. Cuando vieron al niño, contaron lo que les habían dicho acerca de él, y cuantos lo oyeron se asombraron de lo que los pastores decían.

María, por su parte, guardaba todas estas cosas en su corazón y meditaba acerca de ellas. Los pastores regresaron glorificando y alabando a Dios por lo que habían visto y oído, pues todo sucedió tal como se les había dicho.

MEDITAR

El nacimiento de Jesús es un hecho de la historia. La aseveración de que nació de una virgen es una afirmación de fe. Aunque algunas personas refutan aún la existencia de Jesús, muchos niegan vehementemente el nacimiento virginal. Nacer es normal. Nacer de una virgen es imposible. Solo porque un hecho sea categorizado como un artículo de fe, no lo elimina de alguna forma de la categoría de historia. Un artículo de fe nos lleva más allá del escenario de la historia, para ponernos en el mundo tras bastidores del Director del drama. Desde esta perspectiva, podemos ver cómo lo imposible se hace realidad.

¿Cómo pudo Dios realmente tener un hijo? Ahhh, concebido no por un hombre sino por medio del Espíritu Santo, quien fecundó a una mujer a la vez que le preservaba su virginidad. Aunque no se puede probar, sí se puede confiar en ello. El Credo no está anclado en la historia. Está anclado en la eternidad, aunque si bien es cierto, por medio de eventos históricos reales. Cuando la eternidad irrumpe en la historia, entramos al ámbito de la fe, un lugar donde lo natural y lo sobrenatural se fusionan en una nueva realidad normal, donde encontramos al mismo Hijo de Dios acostado en un comedero, donde el velo del cielo puede ser recogido ocasionalmente para revelar el ejército de ángeles que siempre estuvo allí. El Credo aspira a acompañarnos a esta nueva realidad normal, el lugar adonde estábamos destinados a vivir en todo momento, el mundo donde "nada es imposible con Dios".

Realice una pequeña verificación de hechos acerca de esa frase. Véase Génesis 18:10-14, Jeremías 32:17, Lucas 1:37 y Marcos 14:32-36.

Piense ahora en estas cosas.

REFLEXIONAR

Cuando el ángel Gabriel le dijo a María, "quedarás encinta y darás a luz un hijo", ella tenía una simple pregunta sobre lo natural: ¡¿Cómo podrá suceder esto puesto que soy virgen?! La respuesta tenía que ver no con lo natural, sino . . . con algo, de hecho, completamente sobrenatural: "El Espíritu Santo vendrá sobre ti, y el poder del Altísimo te cubrirá con su sombra" (Lucas 1:35, NVI). Aquello era demasiado maravilloso y María permaneció en silencio; no tenía ninguna pregunta sobre lo sobrenatural. María estaba satisfecha con la respuesta de Dios. La verdad sobre la Encarnación es algo demasiado maravilloso para nosotros . . . . La aceptación de María de la respuesta que le dio el ángel a su inocente pregunta fue inmediata, aunque no podía imaginar las complejidades y misterios de la forma en que aquello funcionaría en su joven cuerpo virgen. María se rindió completamente a Dios en confianza y obediencia.

—Tomado de *Keep a Quiet Heart* [Mantén un corazón tranquilo]
Elisabeth Elliot

PREGUNTAR

Exprese sus preguntas, dudas, curiosidades y dilemas.

AFIRMAR

Escriba cualquier afirmación fresca que esté dando vueltas en su corazón y mente hoy.

Ahora afirme el Credo de los Apóstoles en voz alta:

> *Creo en Dios, Padre Todopoderoso, creador del cielo y la tierra; y en Jesucristo, su único Hijo, Señor nuestro . . .*

Día 3: *¿Y qué voy a hacer con Jesús?*

LEER

Mateo 27:22-26

> —¿Y qué voy a hacer con Jesús, al que llaman Cristo?
> —¡Crucifícalo! —respondieron todos.
> —¿Por qué? ¿Qué crimen ha cometido?
> Pero ellos gritaban aún más fuerte: —¡Crucifícalo!
> Cuando Pilato vio que no conseguía nada, sino que más bien se estaba formando un tumulto, pidió agua y se lavó las manos delante de la gente. —**Soy inocente de la sangre de este hombre** —dijo—. **¡Allá ustedes!**
> —¡Que su sangre caiga sobre nosotros y sobre nuestros hijos! —contestó todo el pueblo.
> Entonces les soltó a Barrabás; pero a Jesús lo mandó azotar, y lo entregó para que lo crucificaran.

MEDITAR

El Credo afirma que Jesucristo "sufrió bajo el poder de Poncio Pilato". Pero, ¿no trató Pilato de hacer lo correcto al liberar a Jesús, en quién no encontró ninguna falta? Intentó incluso lavarse las manos de toda culpabilidad, echando la culpa al pueblo. No obstante, Pilato es encasillado para siempre como un villano. De los tres seres humanos nombrados en el Credo, Poncio Pilato es el que se designa como el malo. (Aunque está a solo veinte clics más allá de lo irónico, otro romano, uno de los esbirros de Pilato, hace esta afirmación de fe al pie de la cruz de Jesús: "Verdaderamente éste era el Hijo de Dios").

¿Por qué cree usted que Pilato se lleva todo el crédito en el credo? ¿Cuáles son las implicaciones de esto? Medite en esto: aunque Jesús sufrió bajo Poncio Pilato, fue nuestro pecado el que produjo su sufrimiento.

REFLEXIONAR

Fue así que al someter a la muerte el cuerpo que había tomado para si como ofrenda y sacrificio libre de toda mancha, abolió inmediatamente la muerte de todos sus hermanos humanos con esta ofrenda. Porque naturalmente, ya que el Verbo de Dios estaba sobre todos, al ofrecer su propio templo y el instrumento de su cuerpo como substituto por la vida de todos, pagó con la muerte todo lo que se requería.

—Tomado de *On the Incarnation* [Sobre la encarnación]
Athanasius

PREGUNTAR

Exprese sus preguntas, dudas, curiosidades y dilemas.

AFIRMAR

Escriba cualquier afirmación fresca que esté dando vueltas en su corazón y mente hoy.

Ahora afirme el Credo de los Apóstoles en voz alta:

Creo en Dios, Padre Todopoderoso, creador del cielo y la tierra; y en Jesucristo, su único Hijo, Señor nuestro . . .

Día 4: *Toda la tierra quedó en oscuridad*

LEER
Lucas 23:32-43

También llevaban con él a otros dos, ambos criminales, para ser ejecutados. Cuando llegaron al lugar llamado la Calavera, lo crucificaron allí, junto con los criminales, uno a su derecha y otro a su izquierda. —Padre —dijo Jesús—, perdónalos, porque no saben lo que hacen. Mientras tanto, echaban suertes para repartirse entre sí la ropa de Jesús.

La gente, por su parte, se quedó allí observando, y aun los gobernantes estaban burlándose de él. —Salvó a otros —decían—; que se salve a sí mismo, si es el Cristo de Dios, el Escogido.

También los soldados se acercaron para burlarse de él. Le ofrecieron vinagre y le dijeron: —Si eres el rey de los judíos, sálvate a ti mismo.

Resulta que había sobre él un letrero, que decía: "ÉSTE ES EL REY DE LOS JUDIOS."

Uno de los criminales allí colgados empezó a insultarlo: —¿No eres tú el Cristo? ¡Sálvate a ti mismo y a nosotros!

Pero el otro criminal lo reprendió: —¿Ni siquiera temor de Dios tienes, aunque sufres la misma condena? En nuestro caso, el castigo es justo, pues sufrimos lo que merecen nuestros delitos; éste, en cambio, no ha hecho nada malo.

Luego dijo: —Jesús, acuérdate de mí cuando vengas en tu reino.

—Te aseguro que hoy estarás conmigo en el paraíso —le contestó Jesús.

Desde el mediodía y hasta la media tarde toda la tierra quedó sumida en la oscuridad, pues el sol se ocultó. Y la cortina del santuario del templo se rasgó en dos. Entonces Jesús exclamó con fuerza: —¡Padre, en tus manos encomiendo mi espíritu! Y al decir esto, expiró.

MEDITAR

Note tanto los elementos terrenales de esta escena de crucifixión, así como las dimensiones cósmicas. Malhechores, gobernadores, soldados y "el pueblo" reunidos en medio de burlas, insultos y juegos de azar. Mientras tanto una enorme historia se revela en el santuario de los cielos y en el lugar santísimo del templo. Es como si el libro de la Creación y el libro del Pacto convulsionaran en un conflicto cósmico. Ante este panorama, a mediodía, el Dios que dijo: "Hágase la luz", permite que la tierra sea cubierta con una espesa oscuridad. Simultáneamente, la oscura y gruesa cortina del templo que separaba al pueblo del "lugar santísimo", el trono de Dios en la Tierra, se rompe de arriba abajo. Mientras que la oscuridad se jacta maliciosamente sobre la tierra, la presencia gloriosa de Dios se desliza hacia el mundo sin ser detectada para quitarle a la oscuridad su victoria.

En medio de todo, el Verbo encarnado continúa hablando de Vida. Note la manera en que las palabras de Jesús son tanto oración como respuestas de oración. A la oración de un ladrón, Jesús responde con una promesa del paraíso. A quienes lo torturan, les responde con una oración por el perdón de ellos. Con sus últimas palabras, Jesús afirma la fe en la realidad que por mucho tiempo había precedido al planeta, la unión del Padre, Hijo y Espíritu Santo. En estos momentos, la historia puede registrar un eclipse y un terremoto. El credo afirma el evento central de todos los tiempos y la eternidad.

Como afirmación de fe, trate de decir estas oraciones que Jesús dijo desde la cruz. En la primera oración, inserte la palabra "nos" y "me", donde dice Padre perdónalos, para que diga: "Padre perdónanos" y "Padre perdóname". Medite en esta oración hasta que surja con honestidad. Vaya ahora a la oración: "Padre (Abba), en tus manos encomiendo mi espíritu".

Día 4

REFLEXIONAR

Dios permitió ser humillado y crucificado en el Hijo, para liberar a los opresores y a los oprimidos de la opresión, y para abrir para ellos la posibilidad de una humanidad libre y compasiva.

—Tomado de *The Crucified God* [El Dios crucificado]
Jürgen Moltmann

PREGUNTAR

Exprese sus preguntas, dudas, curiosidades y dilemas.

AFIRMAR

Escriba cualquier afirmación fresca que esté dando vueltas en su corazón y mente hoy.

Ahora afirme el Credo de los Apóstoles en voz alta:

Creo en Dios, Padre Todopoderoso, creador del cielo y la tierra; y en Jesucristo, su único Hijo, Señor nuestro . . .

Día 5: *Llegó un hombre rico de Arimatea*

LEER
Mateo 27:57–66

Al atardecer, llegó un hombre rico de Arimatea, llamado José, que también se había convertido en discípulo de Jesús. Se presentó ante Pilato para pedirle el cuerpo de Jesús, y Pilato ordenó que se lo dieran. José tomó el cuerpo, lo envolvió en una sábana limpia y lo puso en un sepulcro nuevo de su propiedad que había cavado en la roca. Luego hizo rodar una piedra grande a la entrada del sepulcro, y se fue. Allí estaban, sentadas frente al sepulcro, María Magdalena y la otra María.

Al día siguiente, después del día de la preparación, los jefes de los sacerdotes y los fariseos se presentaron ante Pilato. —Señor —le dijeron—, nosotros recordamos que mientras ese engañador aún vivía, dijo: "A los tres días resucitaré." Por eso, ordene usted que se selle el sepulcro hasta el tercer día, no sea que vengan sus discípulos, se roben el cuerpo y le digan al pueblo que ha resucitado. Ese último engaño sería peor que el primero.

—Llévense una guardia de soldados —les ordenó Pilato—, y vayan a asegurar el sepulcro lo mejor que puedan. Así que ellos fueron, cerraron el sepulcro con una piedra, y lo sellaron; y dejaron puesta la guardia.

MEDITAR

De esta manera afirmamos la muerte y sepultura del Hijo de Dios. El hombre nacido en pobreza, cuya última posesión le fue robada y con la cual hicieron juegos de azar, fue puesto en la tumba de un hombre rico. Este hombre rico hace su aparición ante el gobernador de la tierra con el fin de gastar su capital en nombre de un Mesías muerto. José de Arimatea, este discípulo oculto, hace su profesión pública de fe de la manera más indigna y pública. Proporciona una tumba, pone un cuerpo adentro y la cierra con una piedra. Y como si no fuese suficiente, Pilato la hace sellar y sitúa una guardia.

Medite en este escenario. El drama ha llegado a un callejón sin salida en cuanto a imposibilidad. Visualice en su mente la tumba, la piedra, el sello, los guardias, las armas y la puesta del sol acompañando el reposo del Sabbat. Fije esta escena en su memoria.

REFLEXIONAR

El Mesías es el máximo intérprete de Dios al mundo y del mundo a Dios, de Dios a nosotros y de nosotros a Dios; de hecho, de nosotros a nosotros mismos, asegurándonos que aunque hayamos pensado en hacer el mal, Dios transformó ese mal en bien. Es él en quien estamos arraigados y cimentados, en quien encontramos nuestro terruño final, el suelo que nos nutre y nos hace lo que somos. Y, particularmente, es en él que el oscuro tema del sufrimiento alcanza su plena expresión.

—Tomado de "Christ the Power of God and the Wisdom of God"
[Cristo el poder de Dios y la sabiduría de Dios]
N. T. Wright

PREGUNTAR

Exprese sus preguntas, dudas, curiosidades y dilemas.

AFIRMAR

Escriba cualquier afirmación fresca que esté dando vueltas en su corazón y mente hoy.

Ahora afirme el Credo de los Apóstoles en voz alta:

Creo en Dios, Padre Todopoderoso, creador del cielo y la tierra; y en Jesucristo, su único Hijo, Señor nuestro . . .

Día 6: *Mediante este evangelio son salvos*

LEER
1 Corintios 15:1–8

> *Ahora, hermanos, quiero recordarles el evangelio que les prediqué, el mismo que recibieron y en el cual se mantienen firmes.* **Mediante este evangelio son salvos, si se aferran a la palabra que les prediqué.** *De otro modo, habrán creído en vano.* **Porque ante todo les transmití a ustedes lo que yo mismo recibí: que Cristo murió por nuestros pecados según las Escrituras, que fue sepultado, que resucitó al tercer día según las Escrituras, y que se apareció a Cefas, y luego a los doce.** *Después se apareció a más de quinientos hermanos a la vez, la mayoría de los cuales vive todavía, aunque algunos han muerto. Luego se apareció a Jacobo, más tarde a todos los apóstoles, y por último, como a uno nacido fuera de tiempo, se me apareció también a mí.*

MEDITAR

Daremos énfasis a la resurrección en las lecturas de la próxima semana. Por ahora, adquiramos una visión global más amplia. Hay una sola palabra que captura todos estos eventos y sucesos: *evangelio*. En nuestro lenguaje particular, la palabra "evangelio" se ha llegado a conocer tanto como buenas nuevas, así como la verdad establecida. En este pasaje, Pablo escribe el credo antes de los credos. Pablo, hablando con mucha prudencia, captura el evangelio de tal manera que puede ser dado al mundo. Y, ¿no es esto lo que hacen los credos? Los credos capturan la verdad en maneras que no mantienen cautiva esa verdad, sino que la liberan para cautivar al mundo.

Tómese unos minutos y escriba con su propia mano la afirmación de fe del pasaje anterior que está en negritas. Léalo en voz alta muchas veces de manera que lo pueda escuchar con sus propios oídos. Empiece a orar para que este evangelio que le ha sido transmitido, pueda también ser transmitido a otras personas. Es aquí donde la afirmación de fe se convierte en aplicación de fe.

REFLEXIONAR

La forma de Cristo en la tierra es la forma de muerte del crucificado. La imagen de Dios es la imagen de Cristo en la cruz. La vida del discípulo deber ser transformada en esta imagen. Es una vida configurada a la muerte de Cristo (Fil 3:10; Rom 6:4s). Es una vida crucificada (Gal. 2:19). Por el bautismo, Cristo esculpe la forma de su muerte en la vida de los suyos. Muerto a la carne y al pecado, el cristiano ha muerto a este mundo y el mundo ha muerto para él (Gal. 6:14). Quien vive de su bautismo, vive de su muerte.

—Tomado de *El precio de la gracia*
Dietrich Bonhoeffer

Día 6

PREGUNTAR
Exprese sus preguntas, dudas, curiosidades y dilemas.

AFIRMAR
Escriba cualquier afirmación fresca que esté dando vueltas en su corazón y mente hoy.

Ahora afirme el Credo de los Apóstoles en voz alta:

Creo en Dios, Padre Todopoderoso, creador del cielo y la tierra; y en Jesucristo, su único Hijo, Señor nuestro . . .

Semana 4

Descendió a los muertos. Al tercer día resucitó de entre los muertos; ascendió al cielo, y está sentado a la diestra de Dios Padre todopoderoso, de donde vendrá a juzgar a los vivos y a los muertos.

Día 1: *Fue y predicó a los espíritus encarcelados*

LEER

1 Pedro 3:18-22

> *Porque Cristo murió por los pecados una vez por todas, el justo por los injustos, a fin de llevarlos a ustedes a Dios. Él sufrió la muerte en su cuerpo, pero el Espíritu hizo que volviera a la vida. Por medio del Espíritu fue y predicó a los espíritus encarcelados, que en los tiempos antiguos, en los días de Noé, desobedecieron, cuando Dios esperaba con paciencia mientras se construía el arca. En ella sólo pocas personas, ocho en total, se salvaron mediante el agua, la cual simboliza el bautismo que ahora los salva también a ustedes. El bautismo no consiste en la limpieza del cuerpo, sino en el compromiso de tener una buena conciencia delante de Dios. Esta salvación es posible por la resurrección de Jesucristo, quien subió al cielo y tomó su lugar a la derecha de Dios, y a quien están sometidos los ángeles, las autoridades y los poderes.*

MEDITAR

La obra redentora de Jesucristo en la cruz se extiende no sólo después de su muerte, sino incluso antes de su vida. Jesús no estaba tomando un descanso en el Sabbat, lo que hoy llamamos "Sábado Santo". Estaba predicando el evangelio a aquellos cuya muerte precedió a la suya, de tal manera que ellos también pudiesen tener una oportunidad de responder al evangelio. La gracia de Dios en Cristo es realmente asombrosa, cubriendo todos los tiempos y la eternidad. En un intento por alcanzar esta realidad inalcanzable, el apóstol Pablo escribió su oración por nosotros:

"Por esta razón me arrodillo delante del Padre, de quien recibe nombre toda familia en el cielo y en la tierra. Le pido que, por medio del Espíritu y con el poder que procede de sus gloriosas riquezas, los fortalezca a ustedes en lo íntimo de su ser, para que por fe Cristo habite en sus corazones. Y pido que, arraigados y cimentados en amor, puedan comprender, junto con todos los santos, cuán ancho y largo, alto y profundo es el amor de Cristo; en fin, que conozcan ese amor que sobrepasa nuestro conocimiento, para que sean llenos de la plenitud de Dios" (Efesios 3:14-19).

Manténgase con esta oración. Órela despacio, deliberadamente y en voz alta. Arrodíllese en el piso si le es posible.

Día 1

REFLEXIONAR

¡Aquel que descendió al Hades, lo tomó cautivo! Lo hizo probar la amargura al tomar su cuerpo. Lo predijo Isaías cuando exclamó diciendo: "El Hades se llenó de amargura, cuando te encontró en las regiones bajas". ¡Se llenó de amargura porque ha sido erradicado! ¡Se llenó de amargura porque ha sido burlado! ¡Se llenó de amargura porque ha sido purgado! ¡Se llenó de amargura porque ha sido saqueado! ¡Se llenó de amargura porque ha sido encadenado!

—Tomado de *Paschal Homily* [Homilía pascual]
Juan Crisóstomo

PREGUNTAR

Exprese sus preguntas, dudas, curiosidades y dilemas.

AFIRMAR

Escriba cualquier afirmación fresca que esté dando vueltas en su corazón y mente hoy.

Ahora afirme el Credo de los Apóstoles en voz alta:

Creo en Dios, Padre Todopoderoso, creador del cielo y la tierra; y en Jesucristo, su único Hijo, Señor nuestro . . .

Día 2: *No está aquí, pues ha resucitado*

LEER
Mateo 28:1-10

Después del sábado, al amanecer del primer día de la semana, María Magdalena y la otra María fueron a ver el sepulcro.

Sucedió que hubo un terremoto violento, porque un ángel del Señor bajó del cielo y, acercándose al sepulcro, quitó la piedra y se sentó sobre ella. Su aspecto era como el de un relámpago, y su ropa era blanca como la nieve. Los guardias tuvieron tanto miedo de él que se pusieron a temblar y quedaron como muertos.

El ángel dijo a las mujeres: —No tengan miedo; sé que ustedes buscan a Jesús, el que fue crucificado. No está aquí, pues ha resucitado, tal como dijo. Vengan a ver el lugar donde lo pusieron. Luego vayan pronto a decirles a sus discípulos: "Él se ha levantado de entre los muertos y va delante de ustedes a Galilea. Allí lo verán." Ahora ya lo saben.

Así que las mujeres se alejaron a toda prisa del sepulcro, asustadas pero muy alegres, y corrieron a dar la noticia a los discípulos. En eso Jesús les salió al encuentro y las saludó. Ellas se le acercaron, le abrazaron los pies y lo adoraron. —No tengan miedo —les dijo Jesús—. Vayan a decirles a mis hermanos que se dirijan a Galilea, y allí me verán.

MEDITAR

La resurrección es un milagro cuya magnitud inspira tanto temor como gozo al mismo tiempo. La resurrección no es resucitación. Es exactamente lo opuesto a la muerte, que es la máxima y final enemiga de Dios. Imagine todo esto desarrollándose en su mente. Los guardias acostados en el suelo como muertos; el ser angelical sentado encima de la piedra que fue quitada; las mujeres que corrían para encontrar a los discípulos y compartir las noticias; Jesús interceptándolas en el camino. ¿Puede imaginárselo? Caen al suelo y lo adoran, abrazando sus pies. ¡Qué escena!

¿Ya se lo imaginó? ¿Puede verse a usted mismo estando a los pies de Jesús, abrazándolos? Reflexione en lo que sería esto. ¡Qué afirmación de fe sería esta!

REFLEXIONAR

El tercer día ha llegado. Levántate Tú, que me has sido enterrado; tus extremidades no han de yacer en el sepulcro humilde, ni las piedras sin valor han de aplastar aquello que es el rescate del mundo. Es indigno que una piedra deba encerrar y cubrir a Aquel en cuyo puño están encerradas todas las cosas. Llevaos las vestiduras de lino, es mi oración; dejad las toallas en la tumba: Tu eres suficiente para nosotros y sin Ti no hay nada. Liberad las sombras encadenadas de la prisión infernal y recordad a las regiones superiores todo lo que se ha sumido a los abismos. Devolvednos tu rostro, para que el mundo pueda ver la luz; devolvednos el día que huyó de nosotros en tu muerte. Pero regresad, ¡oh santo conquistador! ¡Tú llenas el cielo completamente!

—Tomado de *On Easter* [Sobre la Pascua]
Venancio

PREGUNTAR
Exprese sus preguntas, dudas, curiosidades y dilemas.

AFIRMAR
Escriba cualquier afirmación fresca que esté dando vueltas en su corazón y mente hoy.

Ahora afirme el Credo de los Apóstoles en voz alta:

Creo en Dios, Padre Todopoderoso, creador del cielo y la tierra; y en Jesucristo, su único Hijo, Señor nuestro . . .

Día 3: *Fue llevado a las alturas*

LEER

Hechos 1:6-11

Entonces los que estaban reunidos con él le preguntaron: —Señor, ¿es ahora cuando vas a restablecer el reino a Israel?

—No les toca a ustedes conocer la hora ni el momento determinados por la autoridad misma del Padre —les contestó Jesús—. Pero cuando venga el Espíritu Santo sobre ustedes, recibirán poder y serán mis testigos tanto en Jerusalén como en toda Judea y Samaria, y hasta los confines de la tierra.

Habiendo dicho esto, mientras ellos lo miraban, fue llevado a las alturas hasta que una nube lo ocultó de su vista.

Ellos se quedaron mirando fijamente al cielo mientras él se alejaba. De repente, se les acercaron dos hombres vestidos de blanco, que les dijeron:

—Galileos, ¿qué hacen aquí mirando al cielo? Este mismo Jesús, que ha sido llevado de entre ustedes al cielo, vendrá otra vez de la misma manera que lo han visto irse.

MEDITAR

Jesús ascendió al cielo. Puede ser el episodio de la historia de la salvación menos celebrado y más subestimado. Aquel que descendió hasta los muertos, ahora asciende hasta el cielo. Note que Jesús no desapareció, o se hizo invisible, o se transformó en alguna clase de vapor etéreo en las nubes. Jesús ascendió corporalmente, totalmente humano y totalmente Dios. No se hizo invisible. Sencillamente ya no lo pudieron ver más. Hay una gran diferencia. Reflexione en esta declaración: hoy, sentado en los cielos está un ser humano que gobierna todo lo que existe. Esta es nuestra afirmación de fe.

REFLEXIONAR

Nuestro Señor Jesucristo ascendió al cielo tal día como hoy; que nuestro corazón ascienda también con él. Escuchemos las palabras del Apóstol: Ya que han resucitado con Cristo, busquen las cosas de arriba, donde está Cristo sentado a la derecha de Dios. Concentren su atención en las cosas de arriba, no en las de la tierra. Y así como él permaneció con nosotros aún después de su ascensión, nosotros ya estamos con él en el cielo, aún cuando todavía no se haya realizado en nuestros cuerpos lo que nos ha sido prometido.

—Tomado de *The Ascension of Christ* [La ascensión de Cristo]
St. Augustine of Hippo

PREGUNTAR

Exprese sus preguntas, dudas, curiosidades y dilemas.

AFIRMAR

Escriba cualquier afirmación fresca que esté dando vueltas en su corazón y mente hoy.

Ahora afirme el Credo de los Apóstoles en voz alta:

Creo en Dios, Padre Todopoderoso, creador del cielo y la tierra; y en Jesucristo, su único Hijo, Señor nuestro . . .

Día 4: *Veo el cielo abierto*

LEER

Hechos 7:54-60

Al oír esto, rechinando los dientes, montaron en cólera contra él. Pero Esteban, lleno del Espíritu Santo, fijó la mirada en el cielo y vio la gloria de Dios, y a Jesús de pie a la derecha de Dios. —¡Veo el cielo abierto —exclamó—, y al Hijo del hombre de pie a la derecha de Dios!

Entonces ellos, gritando a voz en cuello, se taparon los oídos y todos a una se abalanzaron sobre él, lo sacaron a empellones fuera de la ciudad y comenzaron a apedrearlo. Los acusadores le encargaron sus mantos a un joven llamado Saulo.

Mientras lo apedreaban, Esteban oraba. —Señor Jesús —decía—, recibe mi espíritu. Luego cayó de rodillas y gritó: —¡Señor, no les tomes en cuenta este pecado! Cuando hubo dicho esto, murió.

Hebreos 12:1-4

Por tanto, también nosotros, que estamos rodeados de una multitud tan grande de testigos, despojémonos del lastre que nos estorba, en especial del pecado que nos asedia, y corramos con perseverancia la carrera que tenemos por delante. Fijemos la mirada en Jesús, el iniciador y perfeccionador de nuestra fe, quien por el gozo que le esperaba, soportó la cruz, menospreciando la vergüenza que ella significaba, y ahora está sentado a la derecha del trono de Dios. Así, pues, consideren a aquel que perseveró frente a tanta oposición por parte de los pecadores, para que no se cansen ni pierdan el ánimo.

En la lucha que ustedes libran contra el pecado, todavía no han tenido que resistir hasta derramar su sangre.

MEDITAR

"Ya que han resucitado con Cristo, busquen las cosas de arriba, donde está Cristo sentado a la derecha de Dios (Col. 3:1). Estar "en Cristo" es habitar en el cielo y vivir en la tierra simultáneamente. ¿Y no es esto de lo que se trata: "como en cielo, así también en la tierra"?. Esta es la razón por la que somos instruidos a poner nuestros corazones y mentes en las cosas de arriba. ¿Qué significa esto para usted? Somos exhortados a "fijar nuestra mirada en Jesús". ¿Podría ser esto lo que significa tener un corazón puro, como en: "dichosos los de corazón limpio, porque ellos verán a Dios" (Mat. 5:8)? Al poner nuestros corazones y mentes en las cosas de arriba y fijar nuestra mirada en Jesús, nos convertimos en vasijas de barro para la irrupción del cielo en la tierra. Tómese cinco minutos ininterrumpidos e intente hacer esto ahora mismo. Hágalo todos los días durante una semana. Extiéndalo a diez minutos durante la segunda semana. Su capacidad de concentración y habilidad para observar se incrementarán dramáticamente en los días venideros.

REFLEXIONAR

Todo el poder a nuestro gran Señor
por el Padre es dado;
Por huestes angelicales adorado,
Supremo reina en el cielo:
Uníos todos en la tierra,
Regocijaos y cantad;
Gloria demos al Rey.
En lo alto en su trono santo
Exhibe el dominio justo;
Sus enemigos bajo sus pies
Caerán y sucumbirán:
Regocijaos y cantad;
Gloria demos al Rey.

—Tomado de "God is Gone up High" [Dios se fue a lo Alto]
Charles Wesley

PREGUNTAR
Exprese sus preguntas, dudas, curiosidades y dilemas.

AFIRMAR
Escriba cualquier afirmación fresca que esté dando vueltas en su corazón y mente hoy.

Ahora afirme el Credo de los Apóstoles en voz alta:

Creo en Dios, Padre Todopoderoso, creador del cielo y la tierra; y en Jesucristo, su único Hijo, Señor nuestro . . .

Día 5: *Aparecerá por segunda vez*

LEER
Hebreos 9:24-28

> En efecto, Cristo no entró en un santuario hecho por manos humanas, simple copia del verdadero santuario, sino en el cielo mismo, para presentarse ahora ante Dios en favor nuestro. Ni entró en el cielo para ofrecerse vez tras vez, como entra el sumo sacerdote en el Lugar Santísimo cada año con sangre ajena. Si así fuera, Cristo habría tenido que sufrir muchas veces desde la creación del mundo. Al contrario, ahora, al final de los tiempos, se ha presentado una sola vez y para siempre a fin de acabar con el pecado mediante el sacrificio de sí mismo. **Y así como está establecido que los seres humanos mueran una sola vez, y después venga el juicio, también Cristo fue ofrecido en sacrificio una sola vez para quitar los pecados de muchos; y aparecerá por segunda vez, ya no para cargar con pecado alguno, sino para traer salvación a quienes lo esperan.**

1 Tesalonicenses 4:13-18

> *Hermanos, no queremos que ignoren lo que va a pasar con los que ya han muerto, para que no se entristezcan como esos otros que no tienen esperanza. ¿Acaso no creemos que Jesús murió y resucitó? Así también Dios resucitará con Jesús a los que han muerto en unión con él. Conforme a lo dicho por el Señor, afirmamos que nosotros, los que estemos vivos y hayamos quedado hasta la venida del Señor, de ninguna manera nos adelantaremos a los que hayan muerto. El Señor mismo descenderá del cielo con voz de mando, con voz de arcángel y con trompeta de Dios, y los muertos en Cristo resucitarán primero. Luego los que estemos vivos, los que hayamos quedado, seremos arrebatados junto con ellos en las nubes para encontrarnos con el Señor en el aire. Y así estaremos con el Señor para siempre. Por lo tanto, anímense unos a otros con estas palabras.*

2 Tesalonicenses 1:5-10

Todo esto prueba que el juicio de Dios es justo, y por tanto él los considera dignos de su reino, por el cual están sufriendo. Dios, que es justo, pagará con sufrimiento a quienes los hacen sufrir a ustedes. Y a ustedes que sufren, les dará descanso, lo mismo que a nosotros. Esto sucederá cuando el Señor Jesús se manifieste desde el cielo entre llamas de fuego, con sus poderosos ángeles, para castigar a los que no conocen a Dios ni obedecen el evangelio de nuestro Señor Jesús. Ellos sufrirán el castigo de la destrucción eterna, lejos de la presencia del Señor y de la majestad de su poder, el día en que venga para ser glorificado por medio de sus santos y admirado por todos los que hayan creído, entre los cuales están ustedes porque creyeron el testimonio que les dimos.

MEDITAR

¿Cree usted en la segunda venida Cristo y en el juicio final de la raza humana? ¿Está usted preparado para tales eventos? ¿Qué sucedería si Cristo regresara hoy? ¿Qué haría usted si supiera que Cristo regresará mañana?

REFLEXIONAR

Y entonces aparecerán las señales de la verdad; primero, la señal de una aparición en el cielo; luego la señal del sonido de la trompeta; y, tercero, la resurrección de los muertos –no todos, pero como se ha dicho: "el Señor vendrá y todos sus santos con él". Luego el mundo contemplará la llegada del Señor sobre las nubes del cielo.

—Tomado de la *Didache*

PREGUNTAR
Exprese sus preguntas, dudas, curiosidades y dilemas.

AFIRMAR
Escriba cualquier afirmación fresca que esté dando vueltas en su corazón y mente hoy.

Ahora afirme el Credo de los Apóstoles en voz alta:

Creo en Dios, Padre Todopoderoso, creador del cielo y la tierra; y en Jesucristo, su único Hijo, Señor nuestro . . .

Día 6: *Jesucristo es el Señor*

LEER
Filipenses 2:5-11

> *La actitud de ustedes debe ser como la de Cristo Jesús,*
>   *quien, siendo por naturaleza Dios, no consideró el ser igual a Dios como algo a qué aferrarse. Por el contrario, se rebajó voluntariamente, tomando la naturaleza de siervo y haciéndose semejante a los seres humanos. Y al manifestarse como hombre, se humilló a sí mismo y se hizo obediente hasta la muerte, ¡y muerte de cruz! Por eso Dios lo exaltó hasta lo sumo y le otorgó el nombre que está sobre todo nombre, para que ante el nombre de Jesús se doble toda rodilla en el cielo y en la tierra y debajo de la tierra, y toda lengua confiese que Jesucristo es el Señor, para gloria de Dios Padre.*

MEDITAR

\/: Jesús, por naturaleza Dios, no se aferra a considerarse igual a Dios.
/\: Adán, creado a imagen de Dios, se aferra a considerarse igual a Dios (i.e., "Dios sabe muy bien que, cuando coman de ese árbol, serán como él").

\/: Jesús se convierte en nada.
/\: Adán trata de convertirse en algo.

\/: Jesús se humilla a sí mismo.
/\: Adam se enorgullece en sí mismo.

\/: Jesús baja del cielo para morir en la cruz.

/\: La raza de Adán edifica una torre desde la tierra en un intento por alcanzar los cielos (véase Gén. 11:4).

\/: Jesús recibe el nombre que es sobre todo nombre.
/\: La raza de Adán intenta "hacerse un nombre famoso".

\/: Jesús es resucitado de los muertos y exaltado hasta lo sumo.
/\: La raza de Adán está destinada a la muerte y cae hasta lo más bajo.

\/: Ante el nombre de Jesús todas las naciones se reúnen y toda lengua confesará que Jesucristo es el Señor.
/\: La raza de Adán está confundida en su idioma y es esparcida.

\/: ¿Está usted siguiendo a Jesús en el humilde camino de la cruz?
/\: ¿Está usted siguiendo a Adán en el orgulloso camino de hacerse un nombre famoso?

Tome un momento y marque dónde se encuentra usted en la línea siguiente. ¿Qué pasos daría usted para moverse más hacia la derecha?

Mente de Adán——————————————————————Mente de Cristo

REFLEXIONAR

Él va a aterrizar con fuerza; no sabemos cuándo. Sin embargo, podemos adivinar por qué está demorando. Él quiere darnos la oportunidad de unirnos a su lado libremente. ... Me pregunto si la gente que le pide a Dios que interfiera abierta y directamente en nuestro mundo se dan cuenta de lo que va a suceder cuando lo haga. Cuando esto tenga lugar, habrá llegado el fin del mundo. Cuando el autor se presenta en el escenario, el drama ha terminado. Claro que Dios va a invadir, pero ¿de qué servirá que digas que estás de parte suya entonces? ... Hoy, este día, en este momento, es nuestra oportunidad de escoger el lado correcto. Dios está retardando su regreso para darnos esa oportunidad. No va durar para siempre. Hay que tomarla o dejarla.

—Tomado de *Mero Cristiano*
C. S. Lewis

PREGUNTAR

Exprese sus preguntas, dudas, curiosidades y dilemas.

AFIRMAR

Escriba cualquier afirmación fresca que esté dando vueltas en su corazón y mente hoy.

Ahora afirme el Credo de los Apóstoles en voz alta:

Creo en Dios, Padre Todopoderoso, creador del cielo y la tierra; y en Jesucristo, su único Hijo, Señor nuestro ...

Semana 5
Creo en el Espíritu Santo

Día 1: *Infundiré mi Espíritu en ustedes*

READ
Joel 2:28–32

"Después de esto, derramaré mi Espíritu sobre todo el género humano. Los hijos y las hijas de ustedes profetizarán, tendrán sueños los ancianos y visiones los jóvenes. En esos días derramaré mi Espíritu aun sobre los siervos y las siervas. En el cielo y en la tierra mostraré prodigios: sangre, fuego y columnas de humo. El sol se convertirá en tinieblas y la luna en sangre antes que llegue el día del Señor, día grande y terrible. Y todo el que invoque el nombre del Señor escapará con vida, porque en el monte Sión y en Jerusalén habrá escapatoria, como lo ha dicho el Señor. Y entre los sobrevivientes estarán los llamados del Señor".

Ezequiel 36:25–28

Los rociaré con agua pura, y quedarán purificados. Los limpiaré de todas sus impurezas e idolatrías. Les daré un nuevo corazón, y les infundiré un espíritu nuevo; les quitaré ese corazón de piedra que ahora tienen, y les pondré un corazón de carne.

Infundiré mi Espíritu en ustedes, y haré que sigan mis preceptos y obedezcan mis leyes. Vivirán en la tierra que les di a sus antepasados, y ustedes serán mi pueblo y yo seré su Dios.

MEDITAR

En esperanza. Anhelando. En espera. Generación tras generación lee estas palabras del profeta Joel y del profeta Ezequiel con anticipación y probablemente con frustración. Cumplir con una promesa como esta renovaría la raza humana, incluso la faz de la Tierra. No es de sorprendernos que esta oración, "¿Hasta cuándo, Señor?", aparezca tan frecuentemente en toda la Escritura. En muchos momentos, la Escritura parece decir algo así: "La ley fue dada para que el Espíritu pudiese ser anhelado, y el Espíritu fue dado para que la ley pudiese ser obedecida". Medite en esa frase.

Muy frecuentemente pensamos en la obra de Jesucristo y la promesa del Espíritu Santo como el remedio para el pecado original, cuando es mucho más que esto. El Espíritu Santo no se conformará con menos que la justicia original. Las realidades que profetizaron Joel, Ezequiel y otros, no son un parche, un remedio o un arreglo temporal. Estos profetas hablaron de un nuevo sistema operativo, una renovación total, la Nueva Creación. Hay una gran diferencia entre una cirugía de derivación o *bypass* y recibir un trasplante de corazón. ¿Coincide usted con este tipo de pensamiento?

Pase unos minutos hoy con la siguiente oración antigua, creada a partir de la Escritura y transmitida por las edades.

Día 1

REFLEXIONAR

Ven, Espíritu Santo, llena los corazones de tus fieles y enciende en ellos el fuego de tu amor. Envía tu Espíritu y todo será creado. Y renueva la faz de la tierra.

Oh Dios, que por la luz del Espíritu Santo haz instruido los corazones de los fieles, concede que por el mismo Espíritu Santo podamos ser verdaderamente sabios y gozar siempre de tu consuelo, por Jesucristo nuestro Señor, amén.

—Tomado de *Prayer to the Holy Spirit*
[Oración al Espíritu Santo]

PREGUNTAR

Exprese sus preguntas, dudas, curiosidades y dilemas.

AFIRMAR

Escriba cualquier afirmación fresca que esté dando vueltas en su corazón y mente hoy.

Ahora afirme el Credo de los Apóstoles en voz alta:

Creo en Dios, Padre Todopoderoso, creador del cielo y la tierra; y en Jesucristo, su único Hijo, Señor nuestro . . .

Día 2: ¿Qué quiere decir esto?

LEER
Hechos 2:1-12

> Cuando llegó el día de Pentecostés, estaban todos juntos en el mismo lugar. De repente, vino del cielo un ruido como el de una violenta ráfaga de viento y llenó toda la casa donde estaban reunidos. Se les aparecieron entonces unas lenguas como de fuego que se repartieron y se posaron sobre cada uno de ellos. Todos fueron llenos del Espíritu Santo y comenzaron a hablar en diferentes lenguas, según el Espíritu les concedía expresarse.
>
> Estaban de visita en Jerusalén judíos piadosos, procedentes de todas las naciones de la tierra. Al oír aquel bullicio, se agolparon y quedaron todos pasmados porque cada uno los escuchaba hablar en su propio idioma. Desconcertados y maravillados, decían: "¿No son galileos todos estos que están hablando? ¿Cómo es que cada uno de nosotros los oye hablar en su lengua materna? Partos, medos y elamitas; habitantes de Mesopotamia, de Judea y de Capadocia, del Ponto y de Asia, de Frigia y de Panfilia, de Egipto y de las regiones de Libia cercanas a Cirene; visitantes llegados de Roma; judíos y prosélitos; cretenses y árabes: ¡todos por igual los oímos proclamar en nuestra propia lengua las maravillas de Dios!" Desconcertados y perplejos, se preguntaban: "Qué quiere decir esto?"

MEDITAR

En Génesis 11 vemos la raza humana conspirando juntos para edificar una torre que llegara hasta el cielo "para hacerse un nombre famoso". En respuesta, Dios "bajó", confundió su idioma y los esparció por la faz de la tierra. Ahora, note quiénes están en la habitación el día de Pentecostés. Los que habían sido esparcidos son reunidos y Dios baja, pero el Espíritu no reordena el mundo mediante la restauración de un solo idioma, lo hace por medio de la proclamación de un evangelio, por medio de la diversidad de muchos idiomas.

Pudo haber sido de la manera contraria. Si el Espíritu puede hacer que hombres sin educación hablen en una multiplicidad de idiomas extranjeros, podría fácilmente hacer que todas las personas comprendan milagrosamente el mensaje en un solo idioma. Medite en las implicaciones de esto. ¿Qué nos dice esto sobre la unidad y la diversidad? ¿Qué nos dice esto sobre la manera en que Dios "ama al mundo"? ¿Cuál es la gran idea que está presente aquí y qué diferencia hace en su propia vida?

REFLEXIONAR

Si, entonces, el Espíritu Santo es verdaderamente llamado Divino, y no solamente de nombre, tanto por la Escritura como por nuestros Padres, ¿qué base les queda a aquellos que se oponen a la gloria del Espíritu? Él es Divino, absolutamente bueno, Omnipotente, sabio, glorioso y eterno; Él es todo lo que se pueda nombrar para elevar nuestros pensamientos a la grandeza de su ser.

—Tomado de *On the Holy Spirit* [Sobre el Espíritu Santo]
Gregorio de Nisa

PREGUNTAR

Exprese sus preguntas, dudas, curiosidades y dilemas.

AFIRMAR

Escriba cualquier afirmación fresca que esté dando vueltas en su corazón y mente hoy.

Ahora afirme el Credo de los Apóstoles en voz alta:

Creo en Dios, Padre Todopoderoso, creador del cielo y la tierra; y en Jesucristo, su único Hijo, Señor nuestro . . .

Día 3: *Ninguna rama puede dar fruto por sí misma*

LEER

Juan 14:15-18; 25-27

"Si ustedes me aman, obedecerán mis mandamientos. Y yo le pediré al Padre, y él les dará otro Consolador para que los acompañe siempre: el Espíritu de verdad, a quien el mundo no puede aceptar porque no lo ve ni lo conoce. Pero ustedes sí lo conocen, porque vive con ustedes y estará en ustedes. No los voy a dejar huérfanos; volveré a ustedes".

"Todo esto lo digo ahora que estoy con ustedes. Pero el Consolador, el Espíritu Santo, a quien el Padre enviará en mi nombre, les enseñará todas las cosas y les hará recordar todo lo que les he dicho. La paz les dejo; mi paz les doy. Yo no se la doy a ustedes como la da el mundo. No se angustien ni se acobarden".

Juan 15:4

Permanezcan en mí, y yo permaneceré en ustedes. Así como ninguna rama puede dar fruto por sí misma, sino que tiene que permanecer en la vid, así tampoco ustedes pueden dar fruto si no permanecen en mí.

Juan 16:12-15

"Muchas cosas me quedan aún por decirles, que por ahora no podrían soportar. Pero cuando venga el Espíritu de la verdad, él los guiará a toda la verdad, porque no hablará por su propia cuenta sino que dirá sólo lo que oiga y les anunciará las cosas por venir. Él me glorificará porque tomará de lo mío y se lo dará a conocer a ustedes. Todo cuanto tiene el Padre es mío. Por eso les dije que el Espíritu tomará de lo mío y se lo dará a conocer a ustedes".

MEDITAR

En el evangelio de Juan, las últimas palabras de Jesús a sus discípulos tratan casi exclusivamente del Espíritu Santo. Jesús les cuenta su secreto. En la primera parte del Evangelio les describe su trabajo diciéndoles que tan solo dice lo que escucha al Padre decir y hace lo que ve al Padre hacer. El Padre y el Hijo y el Espíritu Santo trabajan juntos en una comunidad profundamente unida y por medio de un orden exquisitamente unificado. En esta reveladora enseñanza, Jesús nos prepara para ser llevados al interior de esta comunidad para participar de este orden. Esto es extraordinario.

De hecho, en el clímax de la enseñanza de Jesús, él nos ofrece lo que podría decirse es la oración más sustantiva que se ha registrado (véase Juan 17). Ora específicamente por nosotros, diciendo: "Mi oración, Padre, es que todos sean uno; así como tú estás en mí y yo en ti, permite que ellos también estén en nosotros, para que el mundo crea que tú me has enviado". Lo que Jesús pide parece imposible; que nuestras relaciones unos con otros sean del mismo carácter de unión como el de su relación con su Padre. Es más, Jesús ora para que nuestra comunidad sea llevada al interior de su comunidad. Finalmente, vincula todo esto con la capacidad para que el mundo crea en él. ¿Podría ser esta la razón por la que Jesús se enfoca tanto en el Espíritu Santo en sus horas finales con sus discípulos? Piense en estas cosas.

Decir, "creo en el Espíritu Santo", no es asentir a un concepto doctrinal, sino, más bien, es abrirse a la plena participación en el ministerio del evangelio y todas sus implicaciones.

REFLEXIONAR

Respira en mí, oh Espíritu Santo, para que mis pensamientos puedan ser todos santos. Actúa en mí, oh Espíritu Santo, para que mi trabajo también pueda ser santo. Atrae mi corazón, oh Espíritu Santo, para que sólo ame lo que es santo. Fortaléceme, oh Espíritu Santo, para que defienda todo lo que es santo. Guárdame, pues, oh Espíritu Santo, para que siempre pueda ser santo. Amén.

—Tomado de *Prayer to the Holy Spirit* [Oración al Espíritu Santo]
San Agustín de Hipona

PREGUNTAR

Exprese sus preguntas, dudas, curiosidades y dilemas.

AFIRMAR

Escriba cualquier afirmación fresca que esté dando vueltas en su corazón y mente hoy.

Ahora afirme el Credo de los Apóstoles en voz alta:

Creo en Dios, Padre Todopoderoso, creador del cielo y la tierra; y en Jesucristo, su único Hijo, Señor nuestro . . .

Día 4: *Digo, pues, andad en el Espíritu*

LEER
Gálatas 5:16-18; 22-26

> *Así que les digo: Vivan por el Espíritu, y no seguirán los deseos de la naturaleza pecaminosa. Porque ésta desea lo que es contrario al Espíritu, y el Espíritu desea lo que es contrario a ella. Los dos se oponen entre sí, de modo que ustedes no pueden hacer lo que quieren. Pero si los guía el Espíritu, no están bajo la ley...*
>
> *En cambio, el fruto del Espíritu es amor, alegría, paz, paciencia, amabilidad, bondad, fidelidad, humildad y dominio propio. No hay ley que condene estas cosas. Los que son de Cristo Jesús han crucificado la naturaleza pecaminosa, con sus pasiones y deseos. Si el Espíritu nos da vida, andemos guiados por el Espíritu. No dejemos que la vanidad nos lleve a irritarnos y a envidiarnos unos a otros.*

MEDITAR

¿Se ha encontrado usted cara a cara con la total incapacidad de vivir la vida cristiana en sus propias fuerzas y iniciativa? La manera en que lo intentamos es sutil. Confundimos imitación con inmersión. Aunque no son mutuamente exclusivas, intentar la imitación de Cristo aparte de una inmersión profunda en el Espíritu Santo conduce a la futilidad y a la frustración. ¿Está usted listo para recibir la plenitud de la Espíritu Santo? La vida "guiada por el Espíritu" requiere de una inmersión profunda en el Espíritu y una llenura continua. Recuerde la oración, "Ven Espíritu Santo".

REFLEXIONAR

El Espíritu Santo es el Espíritu de vida, de luz y de amor... Para con la naturaleza él ejecuta una obra determinada, para con el mundo otra; y para con la Iglesia, otra. Y cada uno de sus actos concuerda con la voluntad del Dios Trino y Uno. Jamás actúa impulsivamente ni se mueve por una decisión instantánea o arbitraria. Por cuanto Él es el Espíritu del Padre, siente para con su pueblo exactamente lo que siente el Padre, por lo que no debemos tener sentimiento alguno de ser extraños en su presencia. Él siempre actuará como Jesús, en compasión para con los pecadores, en cálido afecto para con los santos, con la más tierna piedad y amor para con el dolor humano.

—Tomado de *La conquista divina*
A. W. Tozer

PREGUNTAR

Exprese sus preguntas, dudas, curiosidades y dilemas.

AFIRMAR

Escriba cualquier afirmación fresca que esté dando vueltas en su corazón y mente hoy.

Ahora afirme el Credo de los Apóstoles en voz alta:

Creo en Dios, Padre Todopoderoso, creador del cielo y la tierra; y en Jesucristo, su único Hijo, Señor nuestro...

Día 5: *Para el bien de los demás*

LEER
1 Corintios 12:7-14

A cada uno se le da una manifestación especial del Espíritu para el bien de los demás. A unos Dios les da por el Espíritu palabra de sabiduría; a otros, por el mismo Espíritu, palabra de conocimiento; a otros, fe por medio del mismo Espíritu; a otros, y por ese mismo Espíritu, dones para sanar enfermos; a otros, poderes milagrosos; a otros, profecía; a otros, el discernir espíritus; a otros, el hablar en diversas lenguas; y a otros, el interpretar lenguas. Todo esto lo hace un mismo y único Espíritu, quien reparte a cada uno según él lo determina.

Un cuerpo con muchos miembros De hecho, aunque el cuerpo es uno solo, tiene muchos miembros, y todos los miembros, no obstante ser muchos, forman un solo cuerpo. Así sucede con Cristo. Todos fuimos bautizados por[a] un solo Espíritu para constituir un solo cuerpo —ya seamos judíos o gentiles, esclavos o libres—, y a todos se nos dio a beber de un mismo Espíritu. Ahora bien, el cuerpo no consta de un solo miembro sino de muchos.

MEDITAR

Imagine a un grupo de personas que han sido traídas a un lugar de construcción. Todo lo necesario para construir una casa está allí, en términos de suministros y materiales. Lo único que hace falta son las destrezas y las herramientas. Ninguna de las personas del grupo tiene herramienta alguna, ni tampoco fueron capacitados como constructores de casas. (Adicionalmente, ninguno tiene dinero para comprar herramientas). Necesitan que venga alguien y proporcione las herramientas y la capacitación en cuanto a la manera de trabajar juntos en la construcción de una casa.

Quizás esté demasiado simplificada, pero esta metáfora describe acertadamente la manera en que el Espíritu de Dios obra al interior de las comunidades humanas para edificar el cuerpo de Cristo. Toda persona que recibe el don del Espíritu Santo, recibe dones del Espíritu Santo. Estos dones podrían no reflejar nuestras inclinaciones y proclividades naturales, como tampoco ningún "talento" nuestro en particular. Los dones del Espíritu son capacidades y destrezas sobrenaturales, investidos de poder por su gracia. El cuerpo de Cristo no será edificado sin ellos.

¿Está usted consciente del don o dones del Espíritu que le han sido dados? ¿Ha tenido alguna capacitación para trabajar con este don?

REFLEXIONAR

No hay necesidad de que esperemos, como tuvieron que hacerlo los ciento veinte [Hechos 1], para que venga el Espíritu. Porque el Espíritu Santo ya vino en el día de Pentecostés y nunca ha dejado a su iglesia. Nuestra responsabilidad es humillarnos ante su autoridad soberana, decidir no apagarlo, sino permitirle toda libertad. Porque, entonces, nuestras iglesias manifestarán de nuevo aquellas marcas de la presencia del Espíritu que muchos jóvenes están buscando especialmente, llámese enseñanza bíblica, comunión amorosa, adoración viva y un continuo, continuo evangelismo.

—Tomado de *Authentic Christianity* [Cristianismo auténtico]
John R. W. Stott

PREGUNTAR
Exprese sus preguntas, dudas, curiosidades y dilemas.

AFIRMAR
Escriba cualquier afirmación fresca que esté dando vueltas en su corazón y mente hoy.

Ahora afirme el Credo de los Apóstoles en voz alta:

Creo en Dios, Padre Todopoderoso, creador del cielo y la tierra; y en Jesucristo, su único Hijo, Señor nuestro . . .

Día 6: *Pero la más excelente de ellas es el amor*

LEER
1 Corintios 13:1–13

Si hablo en lenguas humanas y angelicales, pero no tengo amor, no soy más que un metal que resuena o un platillo que hace ruido. Si tengo el don de profecía y entiendo todos los misterios y poseo todo conocimiento, y si tengo una fe que logra trasladar montañas, pero me falta el amor, no soy nada. Si reparto entre los pobres todo lo que poseo, y si entrego mi cuerpo para que lo consuman las llamas, pero no tengo amor, nada gano con eso.

El amor es paciente, es bondadoso. El amor no es envidioso ni jactancioso ni orgulloso. No se comporta con rudeza, no es egoísta, no se enoja fácilmente, no guarda rencor. El amor no se deleita en la maldad sino que se regocija con la verdad. Todo lo disculpa, todo lo cree, todo lo espera, todo lo soporta.

El amor jamás se extingue, mientras que el don de profecía cesará, el de lenguas será silenciado y el de conocimiento desaparecerá. Porque conocemos y profetizamos de manera imperfecta; pero cuando llegue lo perfecto, lo imperfecto desaparecerá. Cuando yo era niño, hablaba como niño, pensaba como niño, razonaba como niño; cuando llegué a ser adulto, dejé atrás las cosas de niño. Ahora vemos de manera indirecta y velada, como en un espejo; pero entonces veremos cara a cara. Ahora conozco de manera imperfecta, pero entonces conoceré tal y como soy conocido.

Ahora, pues, permanecen estas tres virtudes: la fe, la esperanza y el amor. Pero la más excelente de ellas es el amor.

MEDITAR

La evidencia esencial de la presencia del Espíritu en su vida no son los dones del Espíritu, sino el amor de Dios. En al menos dos lugares en las Escrituras observamos que los dones son enumerados y seguidos inmediatamente del llamado al amor. El pasaje anterior declara enfáticamente que cualquier cosa que hagamos por medio de los dones del Espíritu, pero sin amor, no sirve de nada. El Espíritu Santo posibilita y faculta al amor sobrenatural y divino, para que actúe en y por medio de los seres humanos.

Medite en este pasaje de 2 Pedro 1:3-4: "Su divino poder, al darnos el conocimiento de aquel que nos llamó por su propia gloria y potencia, nos ha concedido todas las cosas que necesitamos para vivir como Dios manda. Así Dios nos ha entregado sus preciosas y magníficas promesas para que ustedes, luego de escapar de la corrupción que hay en el mundo debido a los malos deseos, lleguen a tener parte en la naturaleza divina".

¿Dónde se encuentra usted en la siguiente línea? ¿Qué le ayudaría a moverse hacia la derecha?

Corrompido ———————————————————— Participando de
por el pecado   la Naturaleza Divina

REFLEXIONAR

Si pensamos en el Espíritu Santo al igual que lo hacen muchas personas, como meramente un poder o influencia, nuestro pensamiento constante será: "¿cómo puedo obtener más del Espíritu Santo?; pero si pensamos en Él bíblicamente, como una Persona Divina, nuestro pensamiento será, más bien: "¿Cómo puede el Espíritu Santo tener más de mí?"

—Tomado de *The Person and Work of the Holy Spirit*
[La persona y obra del Espíritu Santo]
R. A. Torrey

PREGUNTAR
Exprese sus preguntas, dudas, curiosidades y dilemas.

AFIRMAR
Escriba cualquier afirmación fresca que esté dando vueltas en su corazón y mente hoy.

Ahora afirme el Credo de los Apóstoles en voz alta:

Creo en Dios, Padre Todopoderoso, creador del cielo y la tierra; y en Jesucristo, su único Hijo, Señor nuestro . . .

Semana 6

La santa iglesia católica, la comunión de los santos

Día 1: *Edificaré mi iglesia*

LEER
Mateo 16:13-20

> Cuando llegó a la región de Cesarea de Filipo, Jesús preguntó a sus discípulos: -¿Quién dice la gente que es el Hijo del Hombre?
>
> Le respondieron: —Unos dicen que es Juan el Bautista, otros que Elías, y otros que Jeremías o uno de los profetas.
>
> —Y ustedes, ¿quién dicen que soy yo?
>
> —Tú eres el Cristo, el Hijo del Dios viviente —afirmó Simón Pedro.
>
> —Dichoso tú, Simón, hijo de Jonás —le dijo Jesús—, porque eso no te lo reveló ningún mortal, sino mi Padre que está en el cielo. Yo te digo que tú eres Pedro, y sobre esta piedra edificaré mi iglesia, y las puertas del reino de la muerte no prevalecerán contra ella. Te daré las llaves del reino de los cielos; todo lo que ates en la tierra quedará atado en el cielo, y todo lo que desates en la tierra quedará desatado en el cielo. Luego les ordenó a sus discípulos que no dijeran a nadie que él era el Cristo.

MEDITAR

Era la pregunta del siglo primero. Es la pregunta del siglo veintiuno. Y ha sido la pregunta durante cada siglo: "¿Quién dicen que soy?

Hay una respuesta "correcta": "Tú eres el Cristo, el Hijo del Dios viviente". Luego, hay una manera revelada de responder. Cualquier persona puede imitar la "respuesta", pero solamente el Espíritu puede revelar la manera de responder. Pablo expresa algo similar a la Iglesia de los Corintios cuando dice: "Por eso les advierto que nadie que esté hablando por el Espíritu de Dios puede maldecir a Jesús; ni nadie puede decir: 'Jesús es el Señor' sino por el Espíritu Santo" (1 Corintios 12:2).

Es demasiado fácil conformarse con la respuesta "correcta" de Escuela Dominical a esta pregunta. ¿Está usted respondiendo a esta pregunta desde lo más profundo, un lugar donde usted sabe que conoce quién es Jesús y quién es Él para usted?

Muy frecuentemente parecemos dispuestos a edificar nuestra Iglesia sobre respuestas correctas y las casillas marcadas en un cuestionario. Jesús edificó su Iglesia sobre confesiones verdaderas y maneras reveladas de responder. Las puertas del reino de la muerte no prevalecerán en contra del poder acumulativo de tal manera de responder.

Cuando nosotros declaramos: "Creo en la santa iglesia católica", ponemos nuestra confianza en la Iglesia que Jesús está edificando.

Día 1

REFLEXIONAR

Sin Cristo hay discordia entre los hombres y entre estos y Dios. Cristo es el mediador entre Dios y los hombres. Sin él, no podríamos conocer a Dios, ni invocarle, ni llegarnos a él; tampoco podríamos reconocer a los hombres como hermanos ni acercarnos a ellos. El camino está bloqueado por el propio «yo». Cristo, sin embargo, ha abierto el camino obstruido, de forma que, en adelante, los suyos puedan vivir en paz no solamente con Dios, sino también entre ellos. Ahora los cristianos pueden amarse y ayudarse mutuamente; pueden llegar a ser un solo cuerpo. Pero sólo es posible por medio de Jesucristo. Solamente él hace posible nuestra unión y crea el vínculo que nos mantiene unidos. Él es para siempre el único mediador que nos acerca a Dios y a los hermanos.

—Tomado de *Vida en comunidad*
Dietrich Bonhoeffer

PREGUNTAR

Exprese sus preguntas, dudas, curiosidades y dilemas.

AFIRMAR

Escriba cualquier afirmación fresca que esté dando vueltas en su corazón y mente hoy.

Ahora afirme el Credo de los Apóstoles en voz alta:

Creo en Dios, Padre Todopoderoso, creador del cielo y la tierra; y en Jesucristo, su único Hijo, Señor nuestro . . .

Día 2: *Pueblo que pertenece a Dios*

LEER
1 Pedro 2:1-12

Por lo tanto, abandonando toda maldad y todo engaño, hipocresía, envidias y toda calumnia, deseen con ansias la leche pura de la palabra, como niños recién nacidos. Así, por medio de ella, crecerán en su salvación, ahora que han probado lo bueno que es el Señor.

Cristo es la piedra viva, rechazada por los seres humanos pero escogida y preciosa ante Dios. Al acercarse a él, también ustedes son como piedras vivas, con las cuales se está edificando una casa espiritual. De este modo llegan a ser un sacerdocio santo, para ofrecer sacrificios espirituales que Dios acepta por medio de Jesucristo. Así dice la Escritura:

"Miren que pongo en Sión una piedra principal escogida y preciosa, y el que confíe en ella no será jamás defraudado."

Para ustedes los creyentes, esta piedra es preciosa; pero para los incrédulos, "la piedra que desecharon los constructores ha llegado a ser la piedra angular",

y también: "una piedra de tropiezo y una roca que hace caer." Tropiezan al desobedecer la palabra, para lo cual estaban destinados.

Pero ustedes son linaje escogido, real sacerdocio, nación santa, pueblo que pertenece a Dios, para que proclamen las obras maravillosas de aquel que los llamó de las tinieblas a su luz admirable. Ustedes antes ni siquiera eran pueblo, pero ahora son pueblo de Dios; antes no habían recibido misericordia, pero ahora ya la han recibido.

Queridos hermanos, les ruego como a extranjeros y peregrinos en este mundo, que se aparten de los deseos pecaminosos que combaten contra la vida. Mantengan entre los incrédulos una conducta tan ejemplar que, aunque los acusen de hacer el mal, ellos observen las buenas obras de ustedes y glorifiquen a Dios en el día de la salvación.

MEDITAR

Note cómo este pasaje comienza y termina con exhortaciones sobre la santidad. Cuando el Credo modifica la palabra "Iglesia" con la palabra "santa", significa que esta iglesia es distintiva en carácter. Cuando Pedro nos dice que somos "extranjeros y peregrinos" en el mundo, no quiere decir que tenemos que ser personas extranjeras o peregrinas. Lo que quiere decir es que somos personas apartadas. Hay algo en relación con nuestro carácter y presencia que es saludablemente atractivo. Pedro nos ruega que crezcamos en nuestra salvación, que sigamos avanzando hacia la fe madura. Reflexione un poco en este llamado a "desear con ansias la leche pura de la palabra". ¿Cuál sería esta leche? ¿Por qué nos encontramos en la posición de abordar la santidad más como tomar una medicina que como desear con ansias la leche pura de la palabra? Muy frecuentemente el pueblo de Dios toma el camino equivocado cuando se trata de la santidad, haciéndola equivalente a obligación y disciplina. La verdadera santidad trata más bien sobre deseo y deleite. Se trata de degustar la bondad de Dios. ¿Cómo sería "desear con ansias" el Espíritu de Dios? ¿Cómo podría suceder?

Pedro no está hablando de la santidad que proviene del modelo farisaico, con su meticulosa observancia de códigos legales. Cuando habla de santidad, se refiere a Jesús, la piedra principal.

REFLEXIONAR

Los santos no pueden existir sin una comunidad, porque requieren, al igual que nosotros, el cuidado de un pueblo que, aunque es frecuentemente infiel, preserva los hábitos necesarios para aprender la historia de Dios.

—Tomado de "The Gesture of a Truthful Story"
[El gesto de una historia verídica]
Stanley Hauerwas

PREGUNTAR
Exprese sus preguntas, dudas, curiosidades y dilemas.

AFIRMAR
Escriba cualquier afirmación fresca que esté dando vueltas en su corazón y mente hoy.

Ahora afirme el Credo de los Apóstoles en voz alta:

Creo en Dios, Padre Todopoderoso, creador del cielo y la tierra; y en Jesucristo, su único Hijo, Señor nuestro . . .

Día 3: *Nos pareció bien al Espíritu Santo y a nosotros*

LEER
Hechos 15: 22-35

Entonces pareció bien a los apóstoles y a los ancianos, con toda la iglesia, elegir a algunos varones y enviarlos a Antioquía con Pablo y Bernabé: a Judas, que tenía por sobrenombre Barsabás, a Silas, hombres principales entre los hermanos, y escribir por conducto de ellos:

"Los apóstoles, los ancianos y los hermanos,
a los hermanos de entre los gentiles que están en Antioquía, Siria y Cilicia:
Salud.

Por cuanto hemos oído que algunos que han salido de nosotros, a los cuales no dimos orden, os han inquietado con palabras, perturbando vuestras almas, mandando circuncidaros y guardar la Ley, nos ha parecido bien, habiendo llegado a un acuerdo, elegir varones y enviarlos a vosotros con nuestros amados Bernabé y Pablo, hombres que han expuesto su vida por el nombre de nuestro Señor Jesucristo. Así que enviamos a Judas y a Silas, los cuales también de palabra os harán saber lo mismo, pues ha parecido bien al Espíritu Santo y a nosotros no imponeros ninguna carga más que estas cosas necesarias: que os abstengáis de lo sacrificado a ídolos, de sangre, de ahogado y de fornicación; si os guardáis de estas cosas, bien haréis.

Pasadlo bien".

Así pues, los que fueron enviados descendieron a Antioquía y, reuniendo a la congregación, entregaron la carta. Habiéndola leído, se regocijaron por la consolación. Judas y Silas, que también eran profetas, consolaron y animaron a los hermanos con abundancia de palabras. Después de pasar algún tiempo allí, fueron despedidos en paz por los hermanos para volver a aquellos que los habían enviado. Sin embargo, a Silas le pareció bien quedarse allí. Pablo y Bernabé continuaron en Antioquía, enseñando la palabra del Señor y anunciando el evangelio con otros muchos.

MEDITAR

El otro identificador en el Credo es la palabra "católica". Este término no significa católica romana. Significa entero o universal. Decir que creemos en "la santa iglesia católica" significa que creemos que la Iglesia de Jesucristo es fundamentalmente una iglesia en su esencia. En el pasaje anterior, presenciamos una división potencialmente masiva siendo subsanada por medio de la sabiduría apostólica. Su decisión de no requerir la circuncisión de los gentiles, allanó el camino para que el cuerpo de Cristo se desarrollara como una comunión universal.

Los credos ecuménicos (Apóstoles y Niceno) juegan un papel esencial en la preservación de la catolicidad de la Iglesia. Los credos definen el centro de la fe cristiana, el lugar de acuerdo y unidad entre todos los cristianos de todos los tiempos y en todos los lugares. Al mismo tiempo, los credos bosquejan la circunferencia o fronteras de la fe. Crean un espacio generoso donde muchas distinciones doctrinales pueden ser forjadas y talladas en torno a aquellos aspectos donde haya desacuerdo significativo. Los seguidores de Wesley han usado por largo tiempo la frase: "En lo esencial, unidad; en lo no esencial, libertad; y en todo lo demás, caridad", con respecto a la Iglesia y particularmente en lo relacionado con el movimiento metodista.

REFLEXIONAR

Les suplico, hermanos, en el nombre de nuestro Señor Jesucristo, que todos vivan en armonía y que no haya divisiones entre ustedes, sino que se mantengan unidos en un mismo pensar y en un mismo propósito.

—1 Corintios 1:10

PREGUNTAR
Exprese sus preguntas, dudas, curiosidades y dilemas.

AFIRMAR
Escriba cualquier afirmación fresca que esté dando vueltas en su corazón y mente hoy.

Ahora afirme el Credo de los Apóstoles en voz alta:

Creo en Dios, Padre Todopoderoso, creador del cielo y la tierra; y en Jesucristo, su único Hijo, Señor nuestro . . .

Día 4: *Todos ustedes son uno solo en Cristo Jesús*

LEER
Gálatas 3:26-29

> *Todos ustedes son hijos de Dios mediante la fe en Cristo Jesús, porque todos los que han sido bautizados en Cristo se han revestido de Cristo. Ya no hay judío ni griego, esclavo ni libre, hombre ni mujer, sino que todos ustedes son uno solo en Cristo Jesús. Y si ustedes pertenecen a Cristo, son la descendencia de Abraham y herederos según la promesa.*

Colosenses 3:5-11

> *Por tanto, hagan morir todo lo que es propio de la naturaleza terrenal: inmoralidad sexual, impureza, bajas pasiones, malos deseos y avaricia, la cual es idolatría. Por estas cosas viene el castigo de Dios. Ustedes las practicaron en otro tiempo, cuando vivían en ellas. Pero ahora abandonen también todo esto: enojo, ira, malicia, calumnia y lenguaje obsceno. Dejen de mentirse unos a otros, ahora que se han quitado el ropaje de la vieja naturaleza con sus vicios, y se han puesto el de la nueva naturaleza, que se va renovando en conocimiento a imagen de su Creador. En esta nueva naturaleza no hay griego ni judío, circunciso ni incircunciso, culto ni inculto, esclavo ni libre, sino que Cristo es todo y está en todos.*

MEDITAR
La unidad dada al pueblo de Dios en Jesucristo excede la desunión que se origina a partir de la diferencia de género, etnicidad, observancia religiosa y estatus social. La Iglesia es el lugar al cual esta unidad es dada; teniendo que ser, sin embargo, al mismo tiempo, el lugar donde se construye esta unidad.

Esta realidad de la nueva creación es declarada y celebrada en el bautismo. Tiene que ser reclamada y promulgada en la vida diaria. Las imágenes evocadas tratan sobre el cambio de vestiduras; quitándose el ropaje de la antigua naturaleza y poniéndose el de la nueva naturaleza, que es Cristo. Al afirmar nuestra fe en la santidad y catolicidad de la Iglesia, todos nosotros, en un sentido, nos ponemos ropajes idénticos. El Credo intenta unirnos en lo esencial, que es Cristo. Esto nos trae a la mente las imágenes de las multitudes de diversos pueblos reunidos alrededor del Cordero, quienes están todos vestidos con túnicas blancas (Apoc. 7:9). Medite en estas cosas.

REFLEXIONAR

Aquí en la iglesia está la única cosa necesaria: aquí hay un refugio de la vanidad y las tormentas de la vida. Aquí está el puerto tranquilo para las almas que buscan la salvación. Aquí está el alimento y la bebida incorruptibles para el alma. Aquí está la luz que ilumina a todos los hombres que existen sobre la tierra. Aquí está el aire limpio del espíritu. Aquí está la fuente del agua viva que fluye hacia la vida eterna (Juan 4:24). Aquí están distribuidos los dones del Espíritu Santo, aquí está la limpieza de las almas.

—Tomado de "On Prayer in Church"
[Sobre la oración en la Iglesia]
St. John of Kronstadt

PREGUNTAR

Exprese sus preguntas, dudas, curiosidades y dilemas.

AFIRMAR

Escriba cualquier afirmación fresca que esté dando vueltas en su corazón y mente hoy.

Ahora afirme el Credo de los Apóstoles en voz alta:

Creo en Dios, Padre Todopoderoso, creador del cielo y la tierra; y en Jesucristo, su único Hijo, Señor nuestro . . .

Día 5: *Una gran multitud que nadie podía contarla*

LEER
Apocalipsis 7:9-12

> *Después de esto miré, y apareció una multitud tomada de todas las naciones, tribus, pueblos y lenguas; era tan grande que nadie podía contarla. Estaban de pie delante del trono y del Cordero, vestidos de túnicas blancas y con ramas de palma en la mano. Gritaban a gran voz:*
> *"¡La salvación viene de nuestro Dios, que está sentado en el trono, y del Cordero!"*
> *Todos los ángeles estaban de pie alrededor del trono, de los ancianos y de los cuatro seres vivientes. Se postraron rostro en tierra delante del trono, y adoraron a Dios diciendo:*
> *"¡Amén! La alabanza, la gloria, la sabiduría, la acción de gracias, la honra, el poder y la fortaleza son de nuestro Dios por los siglos de los siglos. ¡Amén!"*

MEDITAR

En este pasaje se nos da un vistazo breve de la realidad última, la gran comunión de los santos reunidos para dar adoración. Invite al Espíritu de Dios a que le conceda una imaginación santa. Imagine este escena: personas de toda nación, tribu, pueblo y lengua en números imposibles de contar, aunque todos parecen diferentes, todos llevan puestas las mismas túnicas blancas y todos sostienen ramas de palma; y en el centro de esta reunión está un solo Cordero. Todas las personas exclaman: "¡Amén! La alabanza, la gloria, la sabiduría, la acción de gracias, la honra, el poder y la fortaleza son de nuestro Dios por los siglos de los siglos. ¡Amén!"

Tómese unos minutos y copie lentamente estas palabras de halago en el papel a continuación. Recítelas ahora en voz alta muchas veces, creciendo en intensidad cada vez. Mientras declara estas palabras, cobre consciencia de la manera en que su espíritu está adorando a Dios.

REFLEXIONAR

> Cabeza de tu iglesia, cuyo Espíritu llena
> Y fluye en toda alma fiel,
> Únelos y séllalos en místico amor
> Y santifícalos;
>
> "Ven, Señor", clama el glorioso Espíritu
> y gimen las almas bajo el altar;
> "Ven, Señor", responde la esposa en la tierra,
> "Y en unidad perfecciona todas nuestras almas".
>
> —Tomado de "Head of Thy Church, Whose Spirit Fills"
> [Cabeza de tu Iglesia, cuyo Espíritu llena]
> Charles Wesley

PREGUNTAR

Exprese sus preguntas, dudas, curiosidades y dilemas.

AFIRMAR

Escriba cualquier afirmación fresca que esté dando vueltas en su corazón y mente hoy.

Ahora afirme el Credo de los Apóstoles en voz alta:

Creo en Dios, Padre Todopoderoso, creador del cielo y la tierra; y en Jesucristo, su único Hijo, Señor nuestro . . .

Día 6: *Corramos con perseverancia*

LEER
Hebreos 12:1-3; 18-24

> *Por tanto, también nosotros, que estamos rodeados de una multitud tan grande de testigos, despojémonos del lastre que nos estorba, en especial del pecado que nos asedia, y corramos con perseverancia la carrera que tenemos por delante. Fijemos la mirada en Jesús, el iniciador y perfeccionador de nuestra fe, quien por el gozo que le esperaba, soportó la cruz, menospreciando la vergüenza que ella significaba, y ahora está sentado a la derecha del trono de Dios. Así, pues, consideren a aquel que perseveró frente a tanta oposición por parte de los pecadores, para que no se cansen ni pierdan el ánimo...*
>
> *Ustedes no se han acercado a una montaña que se pueda tocar o que esté ardiendo en fuego; ni a oscuridad, tinieblas y tormenta; ni a sonido de trompeta, ni a tal clamor de palabras que quienes lo oyeron suplicaron que no se les hablara más, porque no podían soportar esta orden: "¡Será apedreado todo el que toque la montaña, aunque sea un animal!" Tan terrible era este espectáculo que Moisés dijo: "Estoy temblando de miedo."*
>
> *Por el contrario, ustedes se han acercado al monte Sión, a la Jerusalén celestial, la ciudad del Dios viviente. Se han acercado a millares y millares de ángeles, a una asamblea gozosa, a la iglesia de los primogénitos inscritos en el cielo. Se han acercado a Dios, el juez de todos; a los espíritus de los justos que han llegado a la perfección;*

MEDITAR

El pecado es un enredo. La santidad es una visión. ¿Podría ser que los enredos y los estorbos nos atrapen hasta el punto de perder nuestra visión de una perspectiva más amplia? Fuimos hechos para transitar por el sendero de la santidad, para vivir vidas de belleza cautivante que inspira la maravilla de Dios.

Quizás esta sea la razón por la que la Biblia constantemente presenta la visión de la buena vida. Note el patrón. Tomar consciencia de la "gran multitud de testigos" o de la comunión de los santos. A partir del estímulo de dicha asamblea grandiosa, abandonar el pecado y librarse de su estorbo. Ahora, reenfocar la mirada en Jesucristo, el Alfa y la Omega de todo.

¿Está usted enredado en algún pecado particular? ¿Está usted siendo estorbado por el desánimo o la desesperación? Recuerde el Credo: "Creo en Jesucristo, su único Hijo, Señor nuestro". Corramos hacia él. Localice su ubicación en la siguiente línea. Considere la manera en que se podría mover más hacia la derecha.

Estorbado ————————————————————————— Corriendo con
y enredado   perseverancia

REFLEXIONAR

Muy ciertamente, aquellos que meramente se jactan de Cristo, no son la verdadera congregación de Cristo. Sino que la verdadera congregación de Cristo está formada por los convertidos sinceramente, que han nacido de Dios, que son de una mente regenerada por la operación del Espíritu Santo al oír la Palabra divina y han llegado a ser hijos de Dios, han entrado en la obediencia a él y viven irreprochablemente en sus santos mandamientos, y según su santa voluntad todos sus días o desde el momento de su llamado.

—Tomado de "Why I Do Not Cease Teaching and Writing"
[Por qué no ceso de enseñar ni escribir]
Menno Simons

PREGUNTAR
Exprese sus preguntas, dudas, curiosidades y dilemas.

AFIRMAR
Escriba cualquier afirmación fresca que esté dando vueltas en su corazón y mente hoy.

Ahora afirme el Credo de los Apóstoles en voz alta:

Creo en Dios, Padre Todopoderoso, creador del cielo y la tierra; y en Jesucristo, su único Hijo, Señor nuestro . . .

Semana 7
El perdón de los pecados, la resurrección del cuerpo y la vida perdurable

Día 1: *La ley es solo una sombra*

LEER
Hebreos 10:1-14

> *La ley es sólo una sombra de los bienes venideros, y no la presencia misma de estas realidades. Por eso nunca puede, mediante los mismos sacrificios que se ofrecen sin cesar año tras año, hacer perfectos a los que adoran. De otra manera, ¿no habrían dejado ya de hacerse sacrificios? Pues los que rinden culto, purificados de una vez por todas, ya no se habrían sentido culpables de pecado. Pero esos sacrificios son un recordatorio anual de los pecados, ya que es imposible que la sangre de los toros y de los machos cabríos quite los pecados.*
>
> *Por eso, al entrar en el mundo, Cristo dijo:*
>
> *"A ti no te complacen sacrificios ni ofrendas; en su lugar, me preparaste un cuerpo; no te agradaron ni holocaustos ni sacrificios por el pecado." Por eso dije: "Aquí me tienes —como el libro dice de mí—. He venido, oh Dios, a hacer tu voluntad."*
>
> *Primero dijo: "Sacrificios y ofrendas, holocaustos y expiaciones no te complacen ni fueron de tu agrado" (a pesar de que la ley exigía que se ofrecieran). Luego añadió:*

"Aquí me tienes: He venido a hacer tu voluntad." Así quitó lo primero para establecer lo segundo. Y en virtud de esa voluntad somos santificados mediante el sacrificio del cuerpo de Jesucristo, ofrecido una vez y para siempre.

Todo sacerdote celebra el culto día tras día ofreciendo repetidas veces los mismos sacrificios, que nunca pueden quitar los pecados. **Pero este sacerdote, después de ofrecer por los pecados un solo sacrificio para siempre, se sentó a la derecha de Dios, en espera de que sus enemigos sean puestos por estrado de sus pies. Porque con un solo sacrificio ha hecho perfectos para siempre a los que está santificando.**

MEDITAR

Las últimas frases del Credo pueden ser recorridas fácilmente. A esta altura, ya recitamos las palabras del Credo con cierta cadencia. Será importante interrumpir nuestro avance para evaluar la magnitud de lo que estamos afirmando.

"Creo en . . . el perdón de los pecados". ¡Espere! ¿No está esto en el corazón del evangelio? El 24 de mayo de 1738, Juan Wesley escribió estas palabras en su diario:

> Por la noche fui de muy mala gana a una sociedad en la Calle Aldersgate, donde alguien estaba leyendo el prefacio de Lutero a la Epístola a los Romanos. Cerca de las nueve menos cuarto, mientras el líder describía el cambio que Dios obra en el corazón por medio de la fe en Cristo, sentí en mi corazón un calor extraño. Sentí que confiaba en Cristo y solo en él para la salvación. Sentí la seguridad de que Él había quitado mis pecados, aún los míos, y me había salvado de la ley del pecado y la muerte.

El perdón de los pecados no se puede quedar como un concepto proposicional al cual damos asentimiento mental. Tiene que ser una realidad experimentada. ¿Tiene usted una seguridad interna de que sus pecados han sido perdonados? ¿Cree usted que hay pecados en su pasado que no pueden ser perdonados? ¿Está usted luchando con algún pecado que lo tiene atrapado y por el que no siente continuar pidiendo perdón? ¿Está usted luchando por perdonarse por algún pecado de su pasado?

Creer en el perdón de los pecados significa que tenemos que confrontar estos obstáculos con la gracia incontenible de Dios. Identifique el lugar donde está la obstrucción y presente la situación a Dios, teniendo en cuenta la obra consumada de Cristo. Si usted ha disfrutado de una experiencia del perdón de Dios y de la profunda seguridad de la gracia, escriba sobre ello. Cuente la historia en su diario. Este es su testimonio y tiene el poder de bendecir a otras personas.

REFLEXIONAR

¿Qué me puede dar perdón?
Sólo de Jesús la sangre;
¿Y un nuevo corazón?
Sólo de Jesús la sangre.

Precioso es el raudal
Que limpia todo mal;
No hay otro manantial,
Sólo de Jesús la sangre.

Fue el rescate eficaz,
Sólo de Jesús la sangre;
Trajo santidad y paz,
Sólo de Jesús la sangre.

Veo para mi salud,
Sólo de Jesús la sangre;
Tiene de sanar virtud,
Sólo de Jesús la sangre.

Cantaré junto a sus pies,
Sólo de Jesús la sangre;
El Cordero digno es,
Sólo de Jesús la sangre.

——"¿Qué me puede dar perdón?"
Robert Lowry
Traducción por Howard W. Cragin
Dominio Público

PREGUNTAR
Exprese sus preguntas, dudas, curiosidades y dilemas.

Día 1

AFIRMAR
Escriba cualquier afirmación fresca que esté dando vueltas en su corazón y mente hoy.

Ahora afirme el Credo de los Apóstoles en voz alta:

Creo en Dios, Padre Todopoderoso, creador del cielo y la tierra; y en Jesucristo, su único Hijo, Señor nuestro . . .

Día 2: *Como también nosotros hemos perdonado a nuestros deudores*

LEER
Mateo 6:9-15

> *Ustedes deben orar así:*
> *"Padre nuestro que estás en el cielo, santificado sea tu nombre, venga tu reino, hágase tu voluntad en la tierra como en el cielo. Danos hoy nuestro pan cotidiano. Perdónanos nuestras deudas, como también nosotros hemos perdonado a nuestros deudores. Y no nos dejes caer en tentación, sino líbranos del maligno".*
>
> *Porque si perdonan a otros sus ofensas, también los perdonará a ustedes su Padre celestial. Pero si no perdonan a otros sus ofensas, tampoco su Padre les perdonará a ustedes las suyas.*

MEDITAR

En la oración que nos enseñó, Jesús inserta una advertencia severa en relación con el perdón de los pecados. Incluso va más allá para hacer un comentario explícito sobre esta frase después de que termina la oración. El punto central: si no perdonamos a otros, no seremos perdonados. ¿Ha considerado usted realmente la magnitud de esta advertencia? Nuestra falta de perdón es la única barrera para que seamos perdonados. Medite en este pensamiento el día de hoy. Se ha dicho que la falta de perdón es como tomarse un veneno y esperar que mate a otra persona. Solamente lo destruye a usted.

¿Está usted reteniendo el perdón en alguna relación en su vida o de su pasado? Es urgente que usted tenga una nuevo enfoque hacia el perdón. Tenga presente que el perdón no significa reconciliación de tal forma que todo vuelve a ser normal. En su forma más básica, el perdón es la decisión voluntaria de dejar tomar represalias contra la otra persona, sea interna o externamente.

REFLEXIONAR

Que nadie se lamente de sus fracasos, porque el perdón se levantó de la tumba. Que nadie tema a la muerte, porque la muerte del Salvador no ha hecho libres.

—Tomado de "Easter Sermon"
[Sermón de pascua]
Juan Crisóstomo

PREGUNTAR

Exprese sus preguntas, dudas, curiosidades y dilemas.

AFIRMAR

Escriba cualquier afirmación fresca que esté dando vueltas en su corazón y mente hoy.

Ahora afirme el Credo de los Apóstoles en voz alta:

Creo en Dios, Padre Todopoderoso, creador del cielo y la tierra; y en Jesucristo, su único Hijo, Señor nuestro...

Día 3: *Entonces vendrá el fin*

LEER
1 Corintios 15:12–28

Ahora bien, si se predica que Cristo ha sido levantado de entre los muertos, ¿cómo dicen algunos de ustedes que no hay resurrección? Si no hay resurrección, entonces ni siquiera Cristo ha resucitado. Y si Cristo no ha resucitado, nuestra predicación no sirve para nada, como tampoco la fe de ustedes. Aún más, resultaríamos falsos testigos de Dios por haber testificado que Dios resucitó a Cristo, lo cual no habría sucedido, si en verdad los muertos no resucitan. Porque si los muertos no resucitan, tampoco Cristo ha resucitado. Y si Cristo no ha resucitado, la fe de ustedes es ilusoria y todavía están en sus pecados. En este caso, también están perdidos los que murieron en Cristo. Si la esperanza que tenemos en Cristo fuera sólo para esta vida, seríamos los más desdichados de todos los mortales.

Lo cierto es que Cristo ha sido levantado de entre los muertos, como primicias de los que murieron. De hecho, ya que la muerte vino por medio de un hombre, también por medio de un hombre viene la resurrección de los muertos. Pues así como en Adán todos mueren, también en Cristo todos volverán a vivir, pero cada uno en su debido orden: Cristo, las primicias; después, cuando él venga, los que le pertenecen. Entonces vendrá el fin, cuando él entregue el reino a Dios el Padre, luego de destruir todo dominio, autoridad y poder. Porque es necesario que Cristo reine hasta poner a todos sus enemigos debajo de sus pies. El último enemigo que será destruido es la muerte, pues Dios "ha sometido todo a su dominio". Al decir que "todo" ha quedado sometido a su dominio, es claro que no se incluye a Dios mismo, quien todo lo sometió a Cristo. Y cuando todo le sea sometido, entonces el Hijo mismo se someterá a aquel que le sometió todo, para que Dios sea todo en todos.

MEDITAR

En este pasaje Pablo recurre a la lógica apostólica para persuadir a sus lectores de lo inflexiblemente esencial que resulta la "resurrección de entre los muertos" para la fe de un seguidor de Jesús. Va incluso más allá hasta el punto de decir que si no hay resurrección final de los muertos, entonces Cristo no fue levantado de entre los muertos. De manera interesante Pablo parece decir que la historia depende del futuro. No lo puede decir más claro: si la resurrección de entre los muertos no es cierta, entonces todo se acabó. Hemos desperdiciado nuestro tiempo. Reflexione en esto. Quizás esta es la razón por la que el Credo hace esta referencia explícita: "Creo en . . . la resurrección del cuerpo".

Así que, aquí está la pregunta: ¿Figura prominentemente la resurrección corporal de entre los muertos en su propia fe? ¿Apoya usted a Pablo en esta lógica?

REFLEXIONAR

Cristo ha resucitado de entre los muertos, resucitad vosotros con Él. Cristo ha retornado de nuevo a sí mismo, retornad vosotros. Cristo ha sido liberado de la tumba, sed vosotros liberados de la atadura del pecado. Las puertas del infierno están abiertas, la muerte ha sido destruida, el antiguo Adán ha sido dejado a un lado y el Nuevo se ha cumplido; si cualquier hombre está en Cristo es una nueva criatura; sed renovados.

—Tomado de *Oration XLV*
Gregorio Nacianceno

PREGUNTAR
Exprese sus preguntas, dudas, curiosidades y dilemas.

AFIRMAR
Escriba cualquier afirmación fresca que esté dando vueltas en su corazón y mente hoy.

Ahora afirme el Credo de los Apóstoles en voz alta:

Creo en Dios, Padre Todopoderoso, creador del cielo y la tierra; y en Jesucristo, su único Hijo, Señor nuestro . . .

Día 4: *Se siembra en debilidad—resucita en poder*

LEER
1 Corintios 15:35-49

Tal vez alguien pregunte: "¿Cómo resucitarán los muertos? ¿Con qué clase de cuerpo vendrán?" ¡Qué tontería! Lo que tú siembras no cobra vida a menos que muera. No plantas el cuerpo que luego ha de nacer sino que siembras una simple semilla de trigo o de otro grano. Pero Dios le da el cuerpo que quiso darle, y a cada clase de semilla le da un cuerpo propio. No todos los cuerpos son iguales: hay cuerpos humanos; también los hay de animales terrestres, de aves y de peces. Así mismo hay cuerpos celestes y cuerpos terrestres; pero el esplendor de los cuerpos celestes es uno, y el de los cuerpos terrestres es otro. Uno es el esplendor del sol, otro el de la luna y otro el de las estrellas. Cada estrella tiene su propio brillo.

Así sucederá también con la resurrección de los muertos. Lo que se siembra en corrupción, resucita en incorrupción; lo que se siembra en oprobio, resucita en gloria; lo que se siembra en debilidad, resucita en poder; se siembra un cuerpo natural, resucita un cuerpo espiritual.

Si hay un cuerpo natural, también hay un cuerpo espiritual. Así está escrito: "El primer hombre, Adán, se convirtió en un ser viviente"; el último Adán, en el Espíritu que da vida. No vino primero lo espiritual sino lo natural, y después lo espiritual. El primer hombre era del polvo de la tierra; el segundo hombre, del cielo. Como es aquel hombre terrenal, así son también los de la tierra; y como es el celestial, así son también los del cielo. Y así como hemos llevado la imagen de aquel hombre terrenal, llevaremos también la imagen del celestial.

MEDITAR

La resurrección de los muertos tiene implicaciones tremendas para los vivos. No podemos vivir como si la Creación no importara. Cuando trata sobre el fin de los tiempos, la Escritura pone algunas cosas en claro. El cielo no será una existencia etérea "allá arriba". El cielo desciende y nos conduce a la Nueva Creación. Habrá continuidad con la antigua creación y, sin embargo, habrá también discontinuidad. Lo mismo es cierto con respecto a nuestros cuerpos. El misterio es cuál aspecto de nuestro yo creado continúa y cuál será descontinuado. ¿Saber que habrán elementos de continuación de nuestro cuerpo actual en la Nueva Creación cambia su perspectiva de su cuerpo físico en el aquí y ahora? ¿Cómo?

REFLEXIONAR

Mas tú no crees que los muertos resuciten. Cuando suceda, tendrás que creerlo, quieras o no quieras, y tu fe se contará entonces como infidelidad, a menos que creas ahora... Además, tú crees que las imágenes hechas por hombres son dioses y hacen cosas grandes; y, ¿no puedes creer que el Dios que te hizo puede también hacerte de nuevo?

—Tomado de A letter to Autolycus
[Carta a Autólico]
Teófilo de Antioquía

PREGUNTAR
Exprese sus preguntas, dudas, curiosidades y dilemas.

AFIRMAR
Escriba cualquier afirmación fresca que esté dando vueltas en su corazón y mente hoy.

Ahora afirme el Credo de los Apóstoles en voz alta:

Creo en Dios, Padre Todopoderoso, creador del cielo y la tierra; y en Jesucristo, su único Hijo, Señor nuestro . . .

Día 5: *Y esta es la vida eterna*

LEER

Juan 3:16-18

> *Porque tanto amó Dios al mundo, que dio a su Hijo unigénito, para que todo el que cree en él no se pierda, sino que tenga vida eterna. Dios no envió a su Hijo al mundo para condenar al mundo, sino para salvarlo por medio de él. El que cree en él no es condenado, pero el que no cree ya está condenado por no haber creído en el nombre del Hijo unigénito de Dios.*

Juan 17:1-5

> *Después de que Jesús dijo esto, dirigió la mirada al cielo y oró así: "Padre, ha llegado la hora. Glorifica a tu Hijo, para que tu Hijo te glorifique a ti, ya que le has conferido autoridad sobre todo mortal para que él les conceda vida eterna a todos los que le has dado. Y ésta es la vida eterna: que te conozcan a ti, el único Dios verdadero, y a Jesucristo, a quien tú has enviado. Yo te he glorificado en la tierra, y he llevado a cabo la obra que me encomendaste".*

MEDITAR

¿Cree usted en la vida eterna? Si es así, ¿cuándo comienza? ¿Es algo que después de la muerte? La Escritura parece decir que la vida eterna comienza cuando empiezas a conocer a Dios. El Credo termina magistralmente en conformidad con la manera en que comenzó: "Creo en Dios Padre todopoderoso, creador del cielo y de la tierra, creo en Jesucristo, su único Hijo, Señor nuestro". La vida eterna comienza con fe en Dios. Si podemos afirmar la primera declaración del Credo, ya hemos afirmado la última.

Tenemos que ser claros, sin embargo, sobre el concepto de creer. Por un lado, creer no se puede reducir a un asentimiento mental de afirmaciones proposicionales. Como tampoco puede el acto de creer encontrar su anclaje en el conocimiento de la certidumbre científica, aunque sea tan valioso. Tampoco la fe bíblica requiere alejarnos del conocimiento o investigación científica. Creer, en el sentido bíblico, significa conocer algo más allá del plano del conocimiento. Creencia es una confianza interna facultada por el Espíritu Santo, en la verdad de una persona. Viene como un don de Dios y es dada a aquellos que la buscan.

¿Está usted esperando que suceda algo antes de creer? O, ¿está usted activamente pidiendo, buscando y llamando a la puerta, en busca del don de la fe? A los ojos del mundo, ver para creer. En el Reino de Dios, creer para ver. Esta es la razón por la que caminamos por fe y no por vista. ¿Dónde se encuentra usted en este proceso?

REFLEXIONAR

Esta vida eterna comienza cuando al Padre le place revelar a su Hijo en nuestros corazones; cuando conocemos primeramente a Cristo, siendo capaces de "llamarlo Señor por medio del Espíritu Santo"; cuando podemos testificar, al darnos nuestra consciencia testimonio en el Espíritu Santo, que "lo que ahora vivo, lo vivo por fe en el Hijo de Dios, quien me amó y dio su vida por mí". Y luego, comienza esa felicidad; felicidad verdadera, sólida y substancial. Luego, el cielo se abre en el alma, comienza ese estado celestial y correcto, mientras que el amor de Dios, al amarnos, es derramado en todo el corazón, produciendo instantáneamente amor por toda la humanidad; benevolencia general y pura, junto con sus frutos genuinos: humildad, mansedumbre, paciencia, contentamiento en toda condición; un total, claro y pleno consentimiento de la voluntad completa de Dios; capacitándonos para "estar siempre alegres y dar gracias a Dios en toda situación".

—Tomado del "Sermon #77 on Spiritual Worship"
[Sermón #77 sobre la Adoración espiritual]
Juan Wesley

PREGUNTAR
Exprese sus preguntas, dudas, curiosidades y dilemas.

AFIRMAR
Escriba cualquier afirmación fresca que esté dando vueltas en su corazón y mente hoy.

Ahora afirme el Credo de los Apóstoles en voz alta:

Creo en Dios, Padre Todopoderoso, creador del cielo y la tierra; y en Jesucristo, su único Hijo, Señor nuestro . . .

Día 6: *Yo hago nuevas todas las cosas*

LEER
Apocalipsis 21:1-5

> *Después vi un cielo nuevo y una tierra nueva, porque el primer cielo y la primera tierra habían dejado de existir, lo mismo que el mar. Vi además la ciudad santa, la nueva Jerusalén, que bajaba del cielo, procedente de Dios, preparada como una novia hermosamente vestida para su prometido. Oí una potente voz que provenía del trono y decía: "¡Aquí, entre los seres humanos, está la morada de Dios! Él acampará en medio de ellos, y ellos serán su pueblo; Dios mismo estará con ellos y será su Dios. Él les enjugará toda lágrima de los ojos. Ya no habrá muerte, ni llanto, ni lamento ni dolor, porque las primeras cosas han dejado de existir."*
>
> *El que estaba sentado en el trono dijo: "¡Yo hago nuevas todas las cosas!" Y añadió: "Escribe, porque estas palabras son verdaderas y dignas de confianza."*

MEDITAR

La Biblia concluye como comienza, con una visión de la Nueva Creación. Este es quizás el marco de referencia más grande para toda la Escritura: desde la Creación hasta la Nueva Creación. Lea el pasaje en voz alta. Cuando haya terminado, cierre sus ojos e invite al Espíritu Santo a darle imaginación para visualizar dicha realidad. No más muerte, llanto, lamento ni dolor. No más lágrimas. No se trata de castillos en el aire. Esto es lo que creemos. ¿Cómo podría cambiar nuestra vida y crecer nuestra fe si pasamos tiempo cada día imaginando este futuro prometido? ¿Qué tal si lo intentamos?

REFLEXIONAR

Pero lo más glorioso de todo será el cambio experimentado por los seres humanos, pobres y desdichados pecadores. Estos gozaban en muchos aspectos de una posición más encumbrada y, por lo tanto, durante su caída, llegaron mucho más bajo que cualquier otro ser creado. Pero escucharán una gran voz del cielo que les dirá: "He aquí el tabernáculo de Dios con los hombres, y él morará con ellos; y ellos serán su pueblo, y Dios mismo estará con ellos como su Dios" (Apoc. 21:3-4). A partir de lo cual surgirá un estado de total santidad y felicidad, muy superior al que disfrutó Adán en el paraíso. ¡Con cuánta belleza y afecto lo describe el apóstol! Dios enjugará toda lágrima de los ojos de ellos; y ya no habrá muerte, ni habrá más llanto, ni clamor, ni dolor; porque las primeras cosas pasaron. Como no existirá la muerte, ni el dolor o la enfermedad que la preceden; como no habrá más sufrimiento o separación de nuestros amigos, tampoco existirán la pena y el llanto. Pero habrá una liberación mayor aún: la inexistencia del pecado. Y coronándolo todo, una profunda, íntima y permanente comunión con Dios, y una constante comunión con el Padre y su hijo Jesucristo, mediante el Espíritu. ¡Disfrutar continuamente de la presencia del Dios Trino y de todas sus criaturas!

—Tomado de "Sermón #64 sobre la Nueva Creación"
Juan Wesley

PREGUNTAR

Exprese sus preguntas, dudas, curiosidades y dilemas.

AFIRMAR
Escriba cualquier afirmación fresca que esté dando vueltas en su corazón y mente hoy.

Ahora afirme el Credo de los Apóstoles en voz alta:

Creo en Dios, Padre Todopoderoso, creador del cielo y la tierra; y en Jesucristo, su único Hijo, Señor nuestro . . .

Sobre el autor

 **John David "J.D." Walt** sirve como director de Seedbed, una plataforma impresa y electrónica en línea, cuya única ambición es "sembrar para un gran avivamiento", mediante el desarrollo de recursos de capacitación teológicos y ministeriales para la iglesia local. Orador muy solicitado y líder de conferencias, autor publicado y compositor, J. D. ha sido mentor de docenas de pastores y líderes de adoración alrededor del mundo conocido y no conocido. Ha servido también como pastor y maestro en el movimiento Passion [Pasión] y en Worship Central [Central de Adoración], ministerio de capacitación en adoración de Tim Hughes y Al Gordon del Reino Unido. Estudiante graduado de Asbury Theological Seminary [Seminario Teológico Asbury] en 1997, J. D. escribe regularmente por internet en www.jdwalt.com. Es también un abogado con licencia en Arkansas y presbítero ordenado en la Conferencia de Texas de la Iglesia Metodista Unida. Puede seguirlo en twitter@jdwalt. Originario de Dumas, Arkansas, y casado con Tiffani, también graduada de Asbury Seminary [Seminario Asbury]. Residen en la Granja Walt en Wilmore, Kentucky, con sus cuatro hijos: David, Mary Kathryn, Lily y Samuel.